떡 장사에서
미국 회계사로

김 혜 일 지음

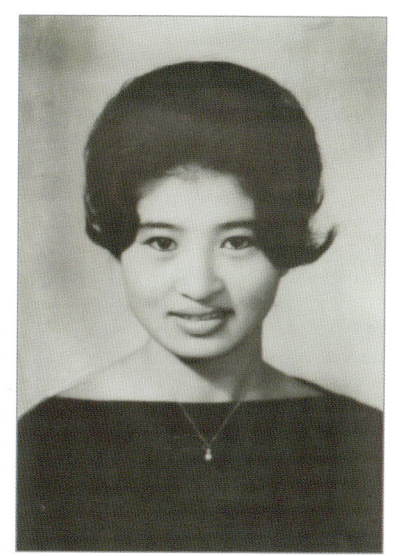
22세 꽃띠 시절

28세

테네시에서 학생들과 함께
(앞에서 뒤로 세 번째 가운데)

폭스바겐과 함께

한인 여성회 활동 보도사진(좌 첫 번째)

미연방 여성회 활동 신문 보도사진 (좌에서 두 번째)

74-76년 메릴랜드 한인여성회 회장역임(앞중 가운데)

74-76년 한인 여성회 회장시절 옷을 직접 만들어 입고 패션쇼 모델로

78년 남편과 멕시코 여행

가족사진 재창이와 은희(입양한 오빠 아이들)

남편과 하와이 여행

1년에 한 번씩 만나는 가족들

1993년 만찬장에서 도날드 쉐이퍼 메릴렌드 주지사와 함께

94년 한승수 미 대사로부터 표창장

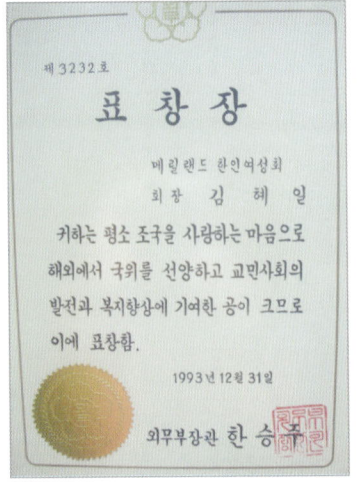

94년 한승주 외무부 장관 표창

1996년 청와대 방문 김영삼 대통령님과 함께(우에서 세 번째)

98년 메릴랜드 한인 여성회 임원들과 함께(앞줄 우에서 두 번째)

2004년 서울에서 열린 세계 한인회장 대회(앞 오른쪽)

글렌드닝 메릴랜드 주지사와 함께(맨 오른쪽)

2004년 한인 축제 행사에서 오말리 시장과 임원들(우에서 두 번째)

2004년 한인 축제에서 볼티모아 오말리 시장으로부터 공로상 수상

2005년 차오 미 노동부장관과 함께

2005년 발티모아 오말리 시장과 함께(현 메릴랜드주 지사)

2005년 메릴랜드 얼릭 주지사로부터 표창장

메릴랜드 한인회 송년잔치에 참석한 회장단과 임원들

메릴랜드 한인회 송년회에서 임원들과 함께(앞줄 우에서 세 번째)

골프친구들

나의 스윙 폼

2004년 노무현 대통령님 부부와 함께

떡 장사에서 미국 회계사로

김 혜 일 지음

추천사

 한 사람이 살아온 그 인생 이야기는 저마다 다 다르지만 거기에는 어느 누구도 범접 할 수 없는 신성한 세계, 신만이 간여 할 수 있는 영역이 내재하고 있다고 해야 하지 않을까 생각된다.
 개인뿐만 아니라 국가나 사회도 마찬가지일 것이다. 모든 과학과 지식을 다 동원하여 예측하고 통계를 내서 실행하지만 엉뚱한 결과를 맞아 당황하는 것이 우리의 현실이다.
 현재 세계적인 대 경제 공황을 겪고 있는 것이 바로 그런 점을 실증하고 있다고 할 수 있을 것이다. 수많은 경제학자나 이론이 얼마나 허망한 것인가를 단적으로 보여주고 있어 인간의 무기력과 나약함을 한

층 실감하게 한다.

그런 의미에서 한 사람이 인생의 황혼기에 접어들어 인생을 뒤돌아보며 지난한 삶의 여정과 굴곡을 기록으로 남긴다는 것은 단순히 한 개인의 이야기가 아니라 그가 경험한 사회 집합체의 부분적인 역사라고 할 수 있을 것이다. 그러므로 인위적으로 짜 맞춰지는 기록들보다 더 생생하게 살아있는 기록으로 남을 수 있고 그 시대를 증거 하는 실증적 자료가 될 수도 있을 것이다.

뿐만 아니라 그 시대가 요구하는 시대적 가치는 무엇이었고 어떻게 운영 되었는가, 그에 따라서 한 인간의 삶에 어떤 영향을 끼쳤는가를 적나라하게 알 수 있게 해주는 귀중한 지표가 되어 줄 것이다.

김혜일씨의 인생 이야기는 일제 말부터 시작해 6.25를 거치며 미국에 와 정착하는 과정이 그려지고 있다.

국가적인 역사로 본다면 일제의 식민지 말기와 6.25라는 배경이 깔려 있다. 식민지 수탈의 궁핍과 전쟁의 폐허가 겹친 시대를 살아낸 이야기. 한 자리에 뿌리박지 못하고 이곳저곳을 전전해야 하는 삶, 그런 국가적 상황을 이해하려면 왜 라는 물음이 있어야 할 것이다. 왜 식민지를 겪어야 했는가? 왜 6.25라는 동족상잔의 전쟁을 해야 했는가?

이런 의문의 답을 얻으려면 따로 떼어 생각 할 수 없고 또한 그 결론이 하나로 이어진다는 사실을 알게 될 것이다. 그리고 그에 대한 답은 세계 질서 변화에 적응하지 못한 당시 왕조와 정치 지도자들이 가지고 있던 사대주의 사상이 큰 원인이었다고 할 수 있을 것이다.

강대국의 거래 대상이 되어 미국은 필리핀을 지배하고 일본은 한국을 지배한다는 거래가(가쓰라 데프트 조약) 성립되는 운명적인 시간에도 우왕좌왕하며 주권을 행사하지 못한 결과가 식민지로 낙착되었다. 그리고 그것이 분단의 빌미가 되었고 우리는 6.25라는 전쟁을 겪었다.

우리를 식민지로 만드는데 악역을 맡아 일조를 한 미국은 6.25에 참전함으로서 은혜의 나라로 변하였다. 결과적으로 그 과정을 보면 병 주고 약 주고 한 셈이며 그들의 역할은 아직도 끝나지 않고 어딘가를 향해 가는 진행형으로 남아 있는 것이 우리의 현실이다.

그런 일련의 역사적 과정과 시대적 상황이 깔려 있는 사회를 원인도 모르면서 살아가는 약소국의 한 가정과 개인의 삶이 어떤 것인가를 볼 수 있게 해 주는 이야기가 이 자서전의 배경이다.

강대국들의 이익 추구가 시대 변화의 큰 파도가 되어 약소국의 운명이 결정되고 그로인해 미군이 들어왔고 개인의 운명이 거기에 겹치면서 김혜일씨는 그 당사국인 미국까지 오게 됐지만 아이러니 하게도 미국에서 성공하는 인생 드라마를 연출했다.

한 가정으로 시각을 좁혀서 보면 주인공은 우리나라에 보편적으로 깔려있는 바리데기 설화를 연상시키기도 한다. 가정에서 귀여움을 받지 못하고 남의집살이로 떠나야 하는 어린 시절과 고통의 날들을 극복하고 미국까지 와 성공하여 가족들을 미국으로 초청하는 이야기는 바리데기가 태어나자마자 집에서 버림받지만 죽지 않고 살아나 아버지의 병 구환을 위해 찾아와 다른 형제들이 하지 않으려는 일을 자청해 천신만고 끝에 죽은 아버지를 살려낸다는 바리데기와 닮았다.

어려서 남의집살이로 보내지고 또한 식구들의 생계를 위해 떡 장사를 하는 어린 소녀 시절의 이야기는 눈물겨운 이야기가 아닐 수 없다.

　남들이 다 다니는 학교를 구경도 못해보고 성인이 되어 미국에 와 미국의 회계사가 돼 가족들을 초청해 함께 살아가는 이야기는 감동 그 자체다.

　무엇보다도 남의 나라에 와서 역경을 이겨내며 학업을 할 수 있었던 것은 본인의 인내와 끈기, 희망이 원동력이었지만 미국이 가지고 있는 복지 제도도 큰 역할을 했다고 해야 할 것이다.

　이런 점에서 미국이 가지고 있는 제 3세계에 대한 정책과 국내를 경영하는 정책을 분리해 포커스를 맞춰봐야 할 것이다. 미국에 대하여 무조건적인 반대나 맹목적인 친미의 자세를 버리고 제 나라에서 성공하거나 살아내기가 어려운 사람이 어떻게 남의 나라 미국에서 성공할 수 있는가를 궁구(窮究)해야 할 것이다.

　또한 누구나 평등하게 복지 혜택을 받도록 해주는 것은 인본주의 정신이 살아 있다는 것을 보여 주는 것이라고 할 수 있을 것이다.

　우리는 세계 어느 나라 사람들보다 친미를 강조하고 있다. 그 친미가 미국에게 신세나 지려는 얌체 친미가 아니고 미국의 좋은 정책을 본받아 국가 경쟁력을 높이기 위한 친미가 되길 바라는 마음이다.
 이 자서전을 읽으면, 꿈을 꾸는 사람은 그 꿈을 꼭 이룬다는 말을 다시 한 번 되새기게 될 것이다. 따라서 어려운 역경 속에서도 희망과 꿈을 잃지 않고 자기의 길을 가는 모든 이들에게 이 자서전이 따뜻하게 길을 밝혀주는 등대가 되길 바란다.

시인 김낙영

머리말

사람은 누구나 꿈을 꾼다. 어릴 때 먼 장래에 대한 꿈은 삶에 희망을 가져다주고 어려운 일이 닥쳤을 때 버틸 수 있는 버팀목이 되어준다. 꿈이 있기에 척박한 생활 속에서도 용기를 잃지 않고 묵묵히 희망을 가꾸어 나갈 수 있다. 하지만 세상이 그리 녹녹한 것만은 아니다.

누구나 꿈을 꾸지만 그 꿈을 실현하는 사람은 그리 많지 않다. 대개 숱한 고난과 역경 속에서 굴절되거나 좌절하기에 꿈은 꿈으로만 남는 경우가 많다. 그러나 나는 꿈을 꼭 이루겠다는 의지만 있으면 누구나 꿈을 이룰 수 있다고 여전히 믿고 있다.

내 자신이 어려운 역경과 고난의 삶 속에서 좌절

하지 않고 꿈을 이뤘기 때문이다. 내가 다른 사람보다 뛰어나다거나 특별한 재주를 가진 것도 아니고 남들보다 빨리 그 꿈을 달성한 것도 아니다. 주어진 어려움에 굴복하지 않고 한 걸음 한 걸음 꿈을 향해 걸어가다 보니 어느 듯 꿈에 도달했을 뿐이다.

나는 '정신일도 하사불성(精神一到 何事不成)'이란 말을 제일 좋아한다. 마치 내 삶을 한마디로 정리한 듯해서이다. 내가 자서전을 쓰기로 마음먹은 것은 지금까지 내가 이룬 자그마한 성취를 자랑하려는 것이 아니다. 주위 사람들에게 특히 젊은이들에게 꿈을 잃지 않고 정진하면 뜻을 이룰 수 있다는 것을 실증적으로 보여주고 싶어서이다.

나의 어린 시절은 모두가 고생하던 시절이었다. 해방이 된 지 얼마 되지 않아 6.25전쟁이 일어났고 그 전쟁이 휩쓸고 간 뒤에 남은 폐허에서 굶주림과 절망을 견디며 살던 때라 희망을 찾기 어려운 시기였다. 그러나 모두가 꿈을 가졌고, 그 꿈을 향해 전력을 다했다. 하지만 고난 끝에 성취를 이루고서도 성공담을 얘기하는 것은 다들 꺼려했다. 다시는 그 시기를 회상하고 싶지 않을 만큼 혹독하고 힘들었기 때문일 것이다.

60을 넘기면서 난 문득 다른 생각이 들었다. 나라도 내 얘기를 전하고 싶다는 것이었다. 자녀 많은 집안에서 천덕꾸러기 취급받으며 자랐고, 한글도 겨우 깨친 무학의 학벌로 미국인 남편을 따라 무작정 도미한 내가 뒤늦게 공부를 해 회계사가 되고, 지역 사회에 작은 봉사를 할 수 있게 된 것은 흔한 얘기는 아닐 것이라고 생각했다.

변변치 않은 삶의 여정이지만 어렵고 힘든 길을 가는 사람들에게 자그마한 격려가 될 수 있다면 이 책을 쓴 보람과 기쁨은 더할 나위가 없을 것이다. 이 책이 세상에 나오기까지 도와준 모든 분들에게 감사드리며, 아울러 지금까지 오늘의 내가 이 자리에 있도록 도와주고 이끌어준 모든 분들께도 고개 숙여 인사드린다.

그리고 먼저 하늘나라로 가신 아버님과 어머니, 큰오빠, 넷째 오빠, 셋째 오빠, 모두가 항상 나를 지켜봐주신 결과로 이국생활을 무사하게 잘 하게 됐다고 생각한다. 따라서 이 책이 세상에 빛을 보게 된 것도 조상님들의 음덕과 항상 지켜주고 격려해준 남편, 오빠들의 가족들, 동생네 가족들의 사랑이 있었기에 가능한 일이었다.

특히 박기찬 기자의 도움이 아니었다면 한글을 제대로 모르는 나로서는 자서전을 낼 엄두도 내지 못했을 것이다.

내 지내온 인생을 기억나는 대로 말 한 것을 박기자가 받아 적어 정리했고 김낙영 시인이 다듬어 이 책이 세상의 빛을 보게 되었다는 것을 밝히며 두 분께 감사의 말씀을 전한다.

이 지면을 통해 그동안의 수고에 다시 한 번 감사드리고 이 책의 저자는 당연히 두 분이 되어야 함에도 내 이름이 올라 있다는 것에 송구한 마음을 감출 수 없다.

김혜일

차례

추억의 사진들/3
추천사/17
머리말/23

제1장
박제된 유년시절

내 고향 청진/33
내 가족/36
청진생활/39
월남과 부친의 사망/41
남의집살이/46
반기지 않는 집/51
다시 남의 집으로/53

장사를 시작하다/56
한국전쟁/60
상경의 꿈/64
드디어 서울 가다/71
첫사랑/75
깨어진 첫사랑/77

제2장
미지의 땅을 향해서

결혼과 도미/83
태평양 횡단/86
미국에 도착/89
미국 생활의 첫걸음/93
남편은 다시 한국으로/95
때늦은 공부/96
남편의 귀국/103
동부로 이주/104

제3장
새로운 출발

이혼과 홀로서기/109
즐거워지는 미국생활/117
재혼/120
공부갈증/125
드디어 졸업/128
첫 직장생활/130
가족 초청/132
20년만의 모국 방문/137
옛 친구들/141
춤바람/143
첫 개업/145
경호원이 되어준 사무 보조원/146

제4장
사회 참여와 봉사

한인사회 참여/151
한인사회에 빠져들다/154

회계사와 보험업 병행/156
단체결성 시작/158
노인사랑/162
한인 간 차별/166
한국인과 미국인 기부문화 차이/168
종교를 갖다/169
한인회장이 되다/172
한인회관과 회관용 건물/175
한인회관 등기부 변경과 법정분쟁/178

제5장
죽음의 문턱을 넘어

대통령과 악수/185
골프의 매력/185
남자 친구들/189
단결의 중요성/191
두 번의 죽을 고비/194
봉사는 나의 천직/199
후기/204
참고 자료/206

제1장

박제된 유년 시절

내 고향 청진

내 고향은 함경북도 청진이다. 청진은 여러모로 독특한 도시다. 함북의 도청소재지이기도 한 청진은 러시아와 중국 국경이 멀지 않은 항구도시다.

최북단에 위치해 있어 첫서리는 9월 말이면 내리기 시작하고, 마지막 서리는 5월 중순까지 계속될 만큼 겨울이 길다.

이곳은 여름에도 북쪽의 한류 영향으로 안개가 자주 발생해서 농작물에 냉해를 입히기도 하는 등 기본적으로 추운 곳이다. 또 청진은 한국에서 바람이 세게 부는 지역에 속한다. 특히 겨울철 바닷가 지역에서 북서바람이 강한 것이 특징이다. 날씨만 사나운 게 아니다.

청진은 산지가 우세한 지역으로 중심지는 높고 두만강 연안과 바닷가 지대로 가면서 낮아진다.

시의 한 가운데로 높고 험한 산줄기인 함경산줄기가 북동-남서방향으로 지나는데, 여기에는 산줄기의 주봉인 백두산 다음가는 관모봉 (2,540m)을 비롯 도정산(2,199m), 대련골산(1,549m), 고성산(1,754m), 마유산(1,525m), 가라지봉(1,418m) 등 1,400m이상

되는 높은 산들이 솟아있다. 이로 인해 청진은 뒤편으로 산이 둘러싸 추위를 막아주는 병풍 구실을 해주고 있어 겨울에는 오히려 관서지방보다 따뜻하기도 하다.

추우면서도 내심 따뜻하고, 낮은듯하면서도 중심으로 갈수록 아득히 높아진다, 그 높아진 지형들이 바다를 향해 탁 트여 있는 청진을 뒤로 감싸 아늑한 분위기를 느낄 수 있지만 바람과 추위가 복병처럼 도사리고 있어 험한 세상풍파를 헤쳐 나갈 수 있게 단련시켜 마치 어린 사자를 키우는 어미 사자와 같은 고장이다.

청진의 풍경은 한 번 보면 절대 잊어버리지 못하게 하는 독특한 매력을 갖고 있다.

청진 일대는 잎갈나무, 전나무, 분비나무, 가문비나무와 같이 온대림과 냉대림이 혼합돼 있어 다른 곳에서 볼 수 없는 독특한 풍치가 있다. 산림은 시 넓이의 80%이상을 차지한다. 또 도시 뒤편에 자리 잡은 산 중턱에는 유럽풍의 흰색 외벽에 검정색 지붕의 2층 양옥집들이 그림처럼 펼쳐진다. 이 집들은 일제강점시대 일본인들이 지은 집이라고 한다.

아름다운 고장에서 험준한 환경의 훈육을 받으며, 나는 자연스레 거친 세상을 거리낌 없이 부딪혀가는 용기, 꺾이지 않고 목표를 향해 한발 한발 나아가는 끈기와 의지가 몸에 배였고, 이 때문에 초지일관(初志一貫)의 정신이 어린 시절 부터 오롯이 새겨져 있었던 게 아닌가 싶다.

나는 자라면서 힘든 일을 두려워한 적이 없다. 목표를 이뤘을 때 맛보는 기쁨은 어떤 고통과 공포도 누를 수 있었다.

비록 가진 것 없으면서도 꿈을 풍성하게 꿀 수 있었던 것은 고향의 기상이 내 안에 내재되어 있었기 때문일 것이다.

어린 시절 나를 키운 청진은 그야말로 마음의 고향이고 정신적인 지주라고 할 수 있다.

청진항은 지난 2008년을 맞으며 개항 100주년을 맞았다. 내가 그 곳에 살던 때 일본군 무장해제를 위해 한반도 북단에 진군한 러시아군은 부동항인 청진항을 군사적 요충지로 삼아 군항으로 이용했다.

러시아 입장에선 겨울에도 얼지 않는 항구가 절실하게 필요한 처지여서 하늘이 내려준 기회라고 생각했을는지도 모른다.

청진의 어린 시절, 러시아군인들을 많이 봤다. 우리 집은 아버지가 출퇴근할 때 타고 다니던 말을 징발 당하기도 했다.

북한은 지난 1991년 나진, 웅기, 청진항을 자유무역항으로 선포했다. 1999년부터 매년 봄이면 대북 지원용 비료를 선적한 배가 울산항에서 청진항으로 떠난다. 나는 그 뉴스를 볼 때마다 청진을 그리워하는 마음을 누를 수 없었다.

내 가족

부모의 고향은 전라남도 담양군 하남면의 지실마을이다.

아버지 김동석과 어머니 박유순은 맏이인 큰오빠 겸용과 둘째 오빠 안겸을 전남 광산군 하남면에서 낳은 후 함경북도 청진시로 이주했다.

부모님은 둘째 오빠부터 나까지 3년 터울로 네 자녀를 낳았으며, 막내 혜미까지 4남 2녀를 뒀다. 남존여비 사상이 강했던 부모님은 아들을 넷이나 낳은 뒤였지만 내가 태어나자 딸이라는 이유로 별 관심을 두지 않았다. 오히려 막내 혜미가 태어났을 때 식구들의 관심과 사랑이 몰렸다.

나는 천덕꾸러기였다. 딸이어서 환영 못 받았고,

어중간하게 끼인 서열이어서 형제들에게도 치였다. 오죽하면 다리 밑에서 주워왔다는 흔한 놀림에도 나는 그게 사실일 것이라고 생각했다. 같은 부모에게서 태어났다면 나만 이렇게 차별을 받을 리 없다고 믿었다. 막내는 식구들의 귀여움을 독차지했고, 같이 말썽을 피워도 늘 나만 혼났다.

당시 공장 노동자이던 아버지는 아들이 넷이나 있음에도 내가 태어났을 때 딸이라고 하자, 그냥 한번 뒤집어 놓고는 말도 없이 나가버렸다고 한다. 식구들의 차별로 인한 열등감은 어른이 되어서도 쉬이 사라지지 않았다. 자녀나 형제자매 간 차별은 의외로 오래 상처를 남긴다. 특히 성장기의 어린이에게는 평생을 괴롭히는 상처가 될 수 있다.

식구들의 '왕따'에도 불구, 나는 가족들을 사랑했다. 내게 가해지는 구박을 운명으로 받아들여 당연하게 생각했다. 그러나 평생을 구박만 받으며 살고 싶지 않았다. 내 힘으로 새로운 운명을 개척하고 싶었다. 내가 무슨 능력을 갖고 있는지 알지 못했지만 막연하게 이를 이룰 수 있을 것 같았다.

구박할지라도 가족은 가족이었다. 괄시하는 만큼 따뜻한 가족 간의 사랑은 어려운 환경과 더불어 우리를 끈끈하게 하나로 묶어 주었다.

나는 나중에 형제자매들을 모두 미국으로 초청했다. 그리고 남편과 함께 정성을 다해 뒷바라지해 미국에 정착할 수 있도록 도왔다. 그리고 돌아가신 오빠의 유자녀들도 입양해 키웠다.

어려웠던 시절은 우리 형제자매들에게 미움보다 사랑을 가르쳐줬다. 어려움을 극복하는 과정에서 하나로 뭉쳐질 수밖에 없었고, 같이 고생하면서 서로에 대한 사랑이 익어갔다. 그래서 오랫동안 멀리 떨어져 지내면서 형제에 대한 그리움은 깊어갔고, 적극적으로 형제들에게 이민을 권했다.

형제자매들이 모두 미국에 오니 다 모이면 대 식구였다. 초기에는 크리스마스 때 우리 집에 모두 모였는데 크리스마스 트리 밑에 선물이 그득했다. 나중에 20명이 넘어서면서 힘에 부쳐 우리 집에 초청하는 것을 그만뒀다. 이제 장성한 조카들은 "직접 해보니 돈도 많이 들고 힘들다"며 "고모가 예전에 어떻게 했는지 놀랍다"고 나를 이해했다.

청진 생활

　청진의 집은 큰 방 하나로 된 '원룸' 형태였다. 추운 지방이어선지 방 안에 아궁이가 있었고, 그 위에 큰 솥을 걸어두었다. 어린 우리들에게 방 한 가운데 있는 불구덩이는 다소 위험했다. 형제자매들끼리 장난치다 자칫 다칠 수도 있었지만 그것이 그 지방의 생활 방식이었다.
　취사와 난방을 겸한 거실 문화라고 할 수 있을 것이다. 환경이 만들어내는 삶의 지혜와 환경에 적응해 살아가는 방식이 자연스럽게 한 문화의 패턴을 만든 결과라고 할 수 있을 것이다.
　어른들은 항상 조심하라고 신신당부를 하지만 그런 환경에서는 사고가 나게 마련이었다. 결국 넷째 선길 오빠가 아궁이 구멍에 빠져 다리에 화상을 입기도 했다.
　우리 식구들은 방 한가운데 화로를 두고 모여 앉아 애기꽃을 피우곤 했다. 방이 하나이니 달리 갈 데도 없고, 추우니 자연 화로 주위에 모이게 되어 가족들은 늘 함께 생활하고, 대화를 나눴다.
　내가 걷지도 못하고 기어 다니는 아기였을 때 방

안의 화롯불이 머리에 옮겨 붙어 머리카락을 태웠다. 이때 생긴 흉터는 아직까지 머리에 남아있다. 이 흉터로 인해 어렸을 때 동네 아이들에게 놀림을 당하기도 했다. 어머니가 나중에 들려준 말에 의하면 집에 돌아와 보니 나는 울고 있고 어린 아이였던 오빠들은 겁이 나서 우두커니 곁에 서 있기만 했다고 한다.

청진의 겨울은 무척이나 추웠다. 청진 생활에 대해 많은 기억은 없지만 겨울에 어머니를 따라 물을 길러 갔을 때 얼음을 도끼로 깨서 떠오던 광경은 생생하다.

일본의 패망 후 러시아군이 진주한 것도 기억난다. 러시아 군인들은 군화발로 우리 집 방안으로 들어왔으며, 아버지가 타고 다니던 말을 징발했다. 아버지가 수레를 끌 때도 부리던 말을 징발 당했으니 보통 낭패가 아니었을 것이다.

아버지는 생선에서 기름을 짜내는 공장에 다녔다. 남쪽으로 이주하기 전 둘째 오빠가 나를 말에 태우고 동네사람들에게 인사하러 다녔던 기억도 떠오른다. 아마도 말을 징발당하기 전이었을 것이다. 동네사람들은 내게 손수 짠 스웨터를 선물했다.

배고팠던 기억은 없는 걸로 봐서 청진 생활이 그

리 궁핍하지는 않았던 것 같다.

아버지는 자기의 고향을 떠나 청진으로 갔지만 거기서도 뿌리를 내리지 못하고 다시 가족을 이끌고 남쪽으로 내려왔다. 지금 생각해보면 부평초 같은 인생살이었다고 할 수 있을 것 같다.

월남과 부친의 사망

내가 6살 때 우리 가족은 청진을 떠나 다시 남쪽으로 내려갔다. 38선으로 남북이 갈려지기 전이었다. 이주 사유는 잘 기억이 나지 않는다. 오빠들도 잘 모른다고 했다.

남행 열차는 천정이 없어 인상적이었다. 3월이라 몹시 추웠는데 찬바람이 뻥 뚫린 천정뿐 아니라 사방에서 스며들었다. 객차도 화물차도 아닌 어중간한 열차에 짐짝처럼 실려, 온 가족이 부둥켜안고 있었다.

우리 가족의 운명, 특히 나의 힘든 삶을 예고하듯이 남행길은 시작부터 이렇게 을씨년스럽고 불안했다.

비록 추위에 몸은 떨렸지만 열차 바깥으로 보이는 낯선 경치는 내 눈을 사로잡았다. 청진 이외의 다른 세상을 알지 못했던 내게 가도 가도 끝없이 이어지는 세상은 내 상상의 나래를 무한하게 펼치게 했다.

내 상상의 세계는 꿈으로 연결되고, 나의 남행은 꿈과 현실을 연결하는 여정이 됐다. 도중에 멀리 절벽에서 쏟아져 내리는 폭포를 보고 감탄한 기억도 있다. 또 처음으로 허허벌판에 전봇대가 쭉 늘어선 길을 본 것도 인상에 남았다.

우리 가족은 지루한 열차여행 끝에 전남 장성의 연동에 정착했다.

연동에 도착해 아직 현지 적응은 안 되었지만 새로운 삶에 대한 기대에 부풀어 있었던 우리 가족에게 청천벽력과 같은 비극이 들이닥쳤다. 내려온 지 4개월만인 7월 다른 사람의 논을 빌려 농사를 짓던 아버지가 일사병으로 갑자기 쓰러졌다.

아버지가 쓰러진다는 것을 상상도 못했던 가족들은 모두 놀라고 어찌 할 줄을 몰랐다. 누구보다도 어머니의 충격은 뭐라 말 할 수 없는 것이었다.

"여보 당신 왜 그래요? 정신 좀 차려봐요!"

어머니는 갑자기 쓰러진 가장이 정신을 못 차리고 사경을 헤매자 안절부절 못하고 철부지 우리들은 방안을 기웃거리기만 했다.

아버지가 쓰러지자 집안 분위기는 금방 침울해지

고 어떻게 해야 할지 몰라 당황하는 사이 아버지는 불과 1주일 만에 돌아가시고 말았다.

어머니는 예상치 못했던 큰 불상사를 당하자 너무도 충격이 커 넋을 잃고 말았다.

"아이고 여보 이 새끼들하고 나는 어쩌라고 그렇게 간단 말이오! 여보! 여보! 한 번 가면 다시 못 오는 길을 당신은 뭐가 좋다고 우리를 버리고 당신 혼자 그렇게 빨리 간단 말이오! 여보! 여보!"

어머니의 울부짖음은 사람들을 더욱 슬프게 했고 나도 어머니를 따라 울었다.

아버지가 돌아가시자 고모 한 분이 오셔서 장례를 도왔다. 그리고 장례가 치러지고 나서도 어머니는 그 충격에서 쉽게 헤어나지 못하고 침울했다. 한동안 그렇게 넋이 나간 사람 같던 어머니는 어느 날 일손을 걷어 부치고 일을 하기 시작했다. 여자는 약하지만 어머니는 강하다는 말이 있듯이 어머니의 본능, 모성 본능이 살아났던 것이다.

자식들하고 살아남아야 한다는 현실이 어머니를 슬픔 속에만 있을 수 없게 했을 것이다.

사람이 그렇게 쉽게 죽는 다는 것을 어린나이에 경험했고 아버지를 잃은 상실의 슬픔보다도 아버지가 우리를 버리고 알 수 없는 먼 곳으로 떠나버렸다는 생각이 들곤 했다.

아버지를 잃은 것이 아니라 아버지로부터 버림을 받은 기분이었다.

무엇이든지 다 할 수 있는 존재. 마치 하늘같은 아버지가 죽을 수 있다는 현실이 순리적으로 받아들여지지 않았다.

당시 우리 가족은 재산은 거의 없었으나 집은 있었던 것 같다. 이제 어머니 혼자서 6남매를 키워야 했다. 청상과부 혼자서 어린 여섯 자녀를 키우는 건 무리였다.

어머니는 딴 데 가서 밥이라도 먹는 게 낫다는 판단으로 나를 다른 집에 보내기로 했다. 하지만 다른 집으로 보내진 건 나 혼자였다. 나는 왜 나만 다른 집에 가야하는지 그 이유를 알 수 없었다. 어머니가 야속했고, 나를 주워 왔기에 보내나보다 하는 생각까지 들었다.

아버지가 특별나게 나를 귀여워하시진 않았지만 내가 이렇게 남의 집으로 가야하는 것은 아버지가 안 계시기 때문이라는 생각도 들었다.

어머니가 나를 남의 집으로 보내는 결심을 하기까

지 얼마나 많은 고민을 했을까 하는 생각은 그때는 하지 못했다.

아버지의 죽음은 내 거친 삶을 예고한 운명의 신호로 나는 남의집살이를 해야만 했다.

가족의 차별에 대해 다시 한 번 얘기하고 싶다. 나는 어렸을 때 오빠들이 하도 놀려 집을 나간 적이 있다. 혼자서 산 넘고 물 건너 한참을 걸어 고모 집으로 갔다. 나중에 고모의 연락을 받은 셋째 오빠가 와서 데려갔다.

지금 생각해보면 웃음이 나는 일이지만 그 당시 나를 그렇게 못살게 굴며 놀렸던 것은 오빠들이 피우는 담배를 몰래 한 개비 피웠다가 어지러워 쓰러졌는데 오빠들이 그것을 두고 계속 놀렸다.

오빠들의 구박은 나날이 심해갔다. 형편이 너무 어려워져 밥조차 제대로 먹지 못할 때였다: 거의 굶다시피 했다. 이 때 밥상이 나오면 오빠들은 벽에 손 그림자로 나비나 새 등 갖은 모양을 만들어 내 눈길을 끌었다.

"옥희야! 이거 봐라! 이거 알아 맞춰봐!"
"토끼!"
"이게 토끼라고? 개야 개!"

"아니야 토끼야! 토끼!)

　그 때 오빠들은 나를 즐겁게 해주려 손 그림자 장난을 한 게 아니었다. 내가 재밌게 벽을 따라다니며 그림자를 구경하다가 다시 밥상 앞으로 돌아오면 내 밥은 이미 없어져 있었다. 오빠들이 내 밥을 뺏어 먹기 위해 벌인 그림자 놀이였던 것이다.

　세상을 적응해 나가는 적자생존의 법칙을 가난한 가정에서 익힌 훈련 과정이나 다름없다.

　눈감으면 코 베어간다는 살벌한 정글의 법칙을 어려서부터 전수받은 셈이다. 그나마 셋째 오빠가 내게 다정하게 대해줬다.

　자녀를 기를 때 차별은 절대 말아야 한다는 것을 강조하고 싶다. 형제자매간에도 마찬가지다. 환갑을 넘긴 지금도 나는 이 당시의 가슴 아팠던 기억을 떨치지 못하고 있다.

남의 집 살이

　오빠들은 국민학교를 보냈으나 여자들은 안 배워도 된다는 당시 풍조에 따라 나는 학교를 구경도 못했다.

오히려 8세 때 광주의 한 가정집으로 보내졌다. 어머니는 지인의 소개를 받아 아기나 보라고 보냈다. 생전 처음 부모를 떠나 남의 집에서 잔다는 것이 익숙하지가 않아 잠도 제대로 잘 수 없었고 눈이 사팔뜨기인 주인아주머니가 왠지 무섭게 느껴졌다.

첫 인상부터가 무섭게 보이던 아주머니는 구박이 몹시 심했다. 8살의 어린 여자아이에게 밥도 제대로 못 먹게 하고 목욕과 세면조차 하지 못하게 해서 머리에는 이가 항상 들끓었다.

너무 배가 고파 생쌀을 훔쳐 먹다 들켜 심하게 혼나기도 했다. 주린 배를 달래기 위해 생쌀을 씹어 먹는 어린 손에서 쌀을 뺐으며 기마 순경을 불러 붙잡아가게 하겠다고 협박해 어린 나를 공포에 떨게 했다.

아기 보는 일보다도 다른 잔일을 더 많이 했고 그런 일들을 하다가 잘 못하면 순경을 불러 잡아가게 하겠다고 겁을 주어 무서움에 떨게 했다.

하루는 집 앞의 마늘밭을 김매라고 시켰는데 너무 내 키가 작아 마늘 대를 부러뜨렸다. 그러자 주인아주머니는 두어 시간을 서있게 하는 벌을 세운 후 회초리로 종아리를 때렸다. 종아리에 피가 흐를 정도로 맞고 엉금엉금 기어 밖으로 나가니 평소 주인아주머니의 구박을 잘 알고 있던 옆집 아주머니가 "너 이대로 있으면 죽는다. 어서 도망가"라고 권유했다.

어린 나이에 그렇게 잔인하게 매를 맞아 본다는 것은 인생에 비극이다. 사람을 매로 길들여 얼마든지 노예로 만들 수 있다는 것을 너무도 일찍, 어린 나이에 경험했다.

어린 나이에 매를 맞으며 엄마도 불러보지 못하고 무방비 상태가 된다는 것은 공포 자체라고 해야 할 것이다. 언제나 자신을 보호해주는 엄마나 아빠가 있다는 것은 아이들을 얼마나 든든하게 해주며 세상에 대한 믿음을 주는가.

아무도 말려 줄 사람 없고 편들어 줄 사람 없이 학대를 받으며 살아본 사람이 세상을 긍정적으로 보며 희망을 갖기란 쉽지 않을 것이다.

어른이 되어서 다시 생각해보면 그때 그 사팔뜨기 여인도 교육되지 못한 환경 속에서 살았기 때문에 그런 짓을 했을 것이라고 생각하지만 아마도 마귀가 있다면 바로 그런 사람이 마귀가 아닐까 생각된다. 어떻게 어린 아이를 그렇게 학대하고 때릴 수 있을까.

사람의 마음이 그렇게 악독하고 모질 수 있다는 것이 지금도 이해가 안 된다. 아마도 이곳 미국이었다면 아동 학대 죄로 끌려가도 수십 번은 끌려갔을 것이다.

나도 이대로는 맞아 죽을 것만 같았다. 용기를 내어 새벽에 그 집에서 도망 나왔다. 길을 가다 기마순경이 지나가면 혹시 주인아주머니의 신고로 잡힐까 괜스레 숨기도 했다.

그때 그렇게 도망치지 않았다면 오래 못살고 비참하게 어린 나이에 죽었을지도 모른다. 그런 학대와 배고픔을 얼마나 견딜 수 있었을까?

정신없이 도망가다 너무 지치고 배가 고파 어느 집 처마 밑에서 쓰러져 잠이 들었다. 깨어나니 그 집 주인여자가 몸을 씻겨주고 다리를 치료하고 있었다. 그녀는 피와 멍투성이인 내 다리를 보더니 상황을 짐작했다.

"어떤 인간인지 천벌을 받겠구만 이렇게 어린 것을 이리 심하게 때리다니… 인제 걱정하지 마라 좋은 집에 데려다 줄 테니까…"

그녀는 나를 광주에서 가장 유명한 냉면집으로 데려가서 아기를 보도록 소개해줬다.

그 집에 가서 그때까지 살아온 내 삶 중에 처음으로 호강하며 지냈다. 내가 아기를 잘 본다고 특히 그 집 할아버지가 나를 손녀처럼 예뻐했다. 옷도 좋은 옷을 줬고, 학교도 보내주겠다고 했다. 집에서도 받아 보지 못한 사랑과 보살핌을 받았지만 항상 마음은 허전 했다.

호강스러운 생활이 계속되고 마음이 안정되자 집이 그리워졌다. 어린 내게는 그 어떤 호강보다도 집과 엄마가 최고였다. 편하고 걱정 없이 지내기는 했지만 집과 임마가 그리워 참을 수가 없었다.

집에 가봐야 먹을 것도 넉넉하지 못하고 사랑도 제대로 받지 못할 텐데 어머니가 그립고 집이 그리웠다.

그래서 천륜은 어떻게 할 수 없다고 하는 모양이다.

할아버지에게 사정했다.

"할아버지, 집에 돌아가고 싶어요. 엄마가 보고 싶어 견딜 수가 없어요."

눈물까지 글썽이며 사정하자 할아버지는 딱하다는 듯이 나를 쳐다보더니, 엄마를 그리는 자식의 마음을 어찌할 수 없다고 여겼는지 고개를 끄떡였다.

할아버지와 주인아주머니는 새 옷까지 사서 입혀 주고, 나를 집으로 보내줬다.

반기지 않는 집

　1년 만에 집으로 가는 발걸음은 가벼웠다. 엄마를 만날 생각에 발도 아프지 않았다. 날아갈듯 한 기분이 되어 집으로 향했다. 고향이 눈앞에 보이자 모든 것이 반갑기만 했다. 눈에 보이는 모든 것들이 나를 따뜻하게 맞이 해주는 것 같았다.
　마을 어귀에서 오빠들이 올라가 놀던 큰 느티나무도 눈에 들어왔고, 특히 마을을 둘러싼 나지막한 산들은 정겹게 나를 보듬어 안아주는 것처럼 포근했다.
　이윽고 밭에서 일하던 엄마를 보자 한달음에 품으로 달려갔다. 얼마나 그리던 엄마였던가! 엄마를 그리며 눈물을 흘렸던 밤이 얼마였던가?
　"엄마! 엄마! 옥희에요"
　너무 반가워 소리치며 엄마 품을 향해 달렸다.
　눈에서는 이미 눈물까지 흐르고 있었다.
　그러나 뜻밖에도 엄마의 반응은 차가웠다. 남의 집 살이 하다 한동안 소식까지 끊겼던 어린 딸이 찾아왔는데 반가워하는 기색이 없었다. 오히려 쌀쌀맞게 대했다.
　"왜 왔니? 네가 집에 오면 다들 어려워져. 너는

어찌 그리 네 생각만 하니?"

　어린 마음에 엄마의 냉대는 큰 충격이었다.

　분명 그런 말은 어린 내가 어머니로부터 들어야 할 말은 아니었다. 그 말 한마디가 금방 나를 성숙한 어른으로 만들어버렸는지도 모른다.

　철이 너무 일찍 든 아이, 애 어른이 되어 어른들처럼 생각하고 행동을 해야 하는 아이가 되어 유년기의 철없는 시절을 잃어버리게 한 말이었을 것이다.

　어머니를 그리워하던 마음, 따뜻한 가족의 품속을 그리워하던 마음은 산산이 부서지고 다시 슬픔과 절망이 어린 가슴을 적셨다.

　어머니를 만나고 가족들을 만났다는 기쁨보다도 어딘가로 또 가야 하는 것은 아닌가 하는 불안과 슬픔이 너무도 커 아무도 몰래 울며 눈물을 감췄다.

　어머니와 오빠들이 있는 집을 떠나 나만 어디로 또 떨어져 가야 한다는 것이 용납이 되지 않았고 엄마가 원망스러웠다.

　"나는 정말 다리 밑에서 주워 왔을까. 왜 나만 남의 집으로 가야하지?"

　잠자리에서 이런 생각을 하면 나도 몰래 저절로 눈물이 주르르 흘렀다.

다시 남의 집으로

어머니는 낙담해 있던 나를 다시 부산의 다른 집으로 보냈다. 그 때는 정말 엄마를 이해할 수 없었다. 나도 딸인데…. 어찌 내게 이럴 수 있는지 야속하기만 했다.

이때 엄마의 마음과 행동은 한참 뒤에야 알 수 있었다. 열 손가락 깨물어 안 아픈 손가락 없다고 나만 미웠을 리가 없다. 어린 딸을 남의집살이로 보내야 하는 엄마의 마음은 시커멓게 타들었을 것이다.

절박한 삶과 환경은 하늘이 맺어준 모녀의 인연조차 갈라놓았다. 먹고 살아야 했다. 어떻게 하든 살아남아야 하는 것이 절대 절명의 과제였던 그 당시는 어쩔 수 없었다는 것을 철이 들어서야 알 수 있었다. 살아남아야만 내일을 기약할 수 있었던 것이다.

지금에 와서 생각한다면 사회적인 복지 제도가 잘 되었다면 그런 일이 없었을 것이다. 그래서 선진국들이 복지문제나 사회안전망에 적극적이지 않을까 싶다. 그때에 비교한다면 지금 대한민국은 부자나라가 되었는데 얼마나 선진국 수준으로 복지 정책이 시행되고 있는지 모르겠다.

현재 나 같은 처지에 있는 아이들이 없는 조국이길 바랄뿐이다.

또 다시 남의집살이로 간 곳은 부산에 있는 큰 부잣집이었다. 일하는 아이만 5명이 있었고 집도 넓고 컸다. 이런 집도 있고, 이런 집에서 사는 사람들도 있다는 것을 처음 알았다. 저녁이면 주인아주머니가 모두를 목욕하게 했다.

일을 심하게 시키지 않았고 힘도 들지 않았으나 산간 지대여서 물이 부족했다. 어린 나이에 언덕을 오르내리며 물을 떠오는 일이 가장 큰 곤욕이었다. 이 때 나이가 9-10세 정도였다.

이곳에서도 집에 가고 싶어 견딜 수가 없었다. 낮에는 이런 일 저런 일 하느라 집 생각이 덜 낫지만 어두운 밤이 되면 집이 간절하게 그리웠다.

잠자리에 들어 엄마와 오빠들의 얼굴이 떠오르면 저절로 눈물이 베개를 적시곤 했다.

"엄마! 엄마! 보고 싶어!"

속으로 밤마다 엄마를 부르며 울다 잠이 들었다.

어떤 날 밤엔 꿈속에서 엄마를 보기도 했다. 환하게 웃으며 팔을 벌려 나를 반기는 엄마의 품속으로 안기는 꿈을 꾸었다.

험난한 세상과 부딪히면 인간은 저절로 약아지고 본능적으로 생존을 위한 행동을 하게 되는 모양이다. 도덕적으로 나쁘다 좋다 보다도 본능적으로 생존을 위한 행동을 하게 하는 요소가 있기 때문에 오늘날까지 인류가 멸망하지 않고 이렇게 존재해가고 있을 것이다.

나는 이전과 달리 꾀를 냈다. 바짓단 끝을 묶어 쌀을 몰래 퍼 담아 모았다. 어느 정도 쌀이 모이자, 이를 들고 집을 나와 역 옆의 식당에 가서 주인에게 차비로 바꿔달라고 부탁했다.

주인은 내가 가엾게 보였는지 이미 차편이 끊어졌다며 식당에서 하루 밤을 재운 다음 이튿날 아침 기차표를 사서 주는 친절을 베풀었다.

어떤 위기에 처할 때마다 나를 도와준 사람들이 있었다는 것을 생각하면 하늘이 나를 보호해주고 있었던 것이 아닌가 하는 생각도 든다.

다시 집에 돌아가니 이번에는 엄마도 어쩔 수 없었던지 그냥 있으라고 했다. 불과 10살의 나이에 이렇게 세 군데를 전전한 나의 남의집살이도 막을 내렸다.

엄마가 또 다시 어디론가 보내지 않을 거란 믿음

을 갖게 하자 집이라는 보금자리에서 느낄 수 있는 안정감을 찾을 수 있었고 드디어 한 가족이 되었다는 생각을 갖게 했다.

그러나 남의집살이를 하기 위해 집을 떠나 남의 집 밥을 먹는 생활을 하며 나도 모르게 생존의 법칙을 일찍 터득한 애 어른이 되어 있었다.

장사를 시작하다

이때쯤 큰 오빠는 경찰이 되었고, 둘째오빠는 육군, 셋째 오빠는 해병으로 복무하고 있었다. 막내 오빠만 집에 남아있었고, 어머니가 농사일로 네 가족의 생계를 꾸려 나가고 있었다.

그러다 흉년이 들었을 때 그야말로 풀만 먹고 살아야 했다. 배가 너무 고팠다. 치마끈을 힘껏 졸라매 배고픔을 덜 느끼게 하는 생활이 이어졌다. 배가 고플수록 치마끈을 더 바짝 조여 매고 물을 마셨다.

눈에 보이는 것들이 모두 먹을 것으로 보였다.

"언니야 배고프다. 언니는 배 안 고프냐!"

"배고프면 치마끈을 더 졸라매 언니처럼…우리 물 먹으러 가자"

"물 또 먹어! 물만 먹으니까 힘이 하나도 없다."

누이동생 혜미가 배고프다고 칭얼댈 때마다 물을 마시곤 했다.

하지만 막내 오빠는 게을러 아무 것도 하지 않아 결국 적극적인 성격이었던 내가 나섰다.

나는 동네를 돌며 밥을 얻은 다음 나물을 캐서 함께 섞어 죽을 쑤었다. 말이 죽이지 쌀과 보리를 손으로 셀 수 있을 정도였다. 땔감을 마련하기 위한 나무도 막내 오빠를 대신해 내가 했다. 쉬는 날은 나무하는 날이었다.

밥을 얻어다 죽을 쑤어 먹는 것도 하루 이틀 아니고 동네 부잣집으로 매일 밥을 얻으러 다니는 것도 한계가 있었다.

하루는 이대로 있다가는 굶어 죽겠다는 생각이 들었다. 도저히 안 되겠다고 생각한 나는 당시 연동경찰서에 근무하던 큰 오빠를 찾아갔다.

오빠는 경찰서에서 숙식을 해결하며 집에 오지 않았기 때문에 내가 찾아 가야만 했다.

"오빠, 집에 먹을 것이 하나도 없어요. 식구가 모두 굶어죽을 판이에요. 도와주세요."

큰 오빠는 멈칫하더니 나를 밖으로 데리고 나가

쌀을 조금 사 주었다. 당시 경찰 월급이랬자 풀칠만 겨우 하던 시절이었으니 말단 경관인 오빠 역시 넉넉할 리 없었다. 어린 내가 경찰서까지 찾아와 사정하자 집안 사정이 생각 이상으로 어려운 것을 짐작해 마음이 아팠을 것이다.

오빠가 준 쌀은 내 인생에 새로운 경험을 가져다 줬다. 어린 나이에 이재(理財)에 눈뜨게 만들었다. 나는 어릴 때부터 셈이 남달랐고, 손익에 대한 본능적인 감각이 있었다.

나는 이 쌀을 집으로 가져가봤자 곧 없어지고 만다는 생각이 들자 곧장 장성역 앞으로 가서 쌀을 껌과 캔디로 바꿨다. 그리고 이를 돌아오는 길에 여러 동네를 다니면서 아이들에게 팔았다. 예상대로 쌀값보다 많은 돈이 모였다.

그 당시로서는 시골에서 캔디나 껌은 귀한 물건이 아닐 수 없었다.

지금 생각하면 황당한 일이지만 껌을 혼자만 씹는 것이 아니라 다른 아이가 좀 씹고 싶다고 하면 돌아가면서 씹기도 하고 잠 잘 때는 벽에 붙여 놓았다가 다음 날이면 다시 씹을 만큼 귀한 물건이었다. 그 껌이 더러는 잠자리에서 잘 못돼 머리에 달라붙어 뜯어 내려면 여간 곤욕스럽지가 않았다.

아이들은 자기 또래의 아이가 껌이나 캔디를 판다는 것도 신기했고 내 손에 들려 있는 것을 먹고 싶어 군침을 삼켰다.

꼭 돈이 아니더라도 쌀이나 잡곡을 받고 판다고 하니 아이들은 집으로 달려가 손에 잡히는 대로 들고 왔다.

좁쌀이나 콩. 쌀, 보리 등을 들고 왔고 가져오는 대로 껌이나 캔디를 주었다. 장사는 예상외로 잘되었다.

재미를 본 나는 본격적으로 이 일을 시작했고, 돈이 조금씩 불어났다. 보따리 장사라고도 하기 힘든 소규모였지만 장사는 계속 잘되어 돈도 차츰 모였다.

그리고 아이들이 가지고 나오는 것들 중에 찹쌀은 따로 모았다. 내 꿈은 서울로 상경하는 것이었기 때문에 서울 갈 때 팔아서 차비로 쓸 요량으로 찹쌀이 들어오면 팔지 않고 따로 모았다.

한국전쟁

　이 때 나의 유일한 낙은 동네 어귀의 큰 바위에서 미끄럼을 타는 것이었다.
　다른 아이들 같으면 귀여움을 받으면서 학교에 다닐 계집아이가 장사를 하러 다닌다는 것이 지금 생각해도 어울리는 일이 아니었지만 철이 일찍 든 나는 집안의 가장 역할을 하고 있었다.
　장사한답시고 온 동네를 돌아다니다 지친 몸을 이끌고 털레털레 집으로 돌아올 때 멀리서 식구들보다 앞서 나를 반긴 것은 늘 변함없이 그 자리를 지키고 있는 바위였다.
　바위는 어린 내 마음이 기대는 엄마 같은 안식처였고, 또한 장난감 하나 없는 내가 맘 놓고 놀 수 있는 놀이터였다.
　힘들거나 외로울 때 바위에 앉아 멀리 마을을 둘러싸고 있는 산과 그 사이 살짝살짝 보이는 지평선을 바라보며, 현실을 벗어나 훌훌 날아오르고 싶다는 상상을 했다. 그 때는 그 상상이 내 삶에 무엇을 의미하는지 몰랐다. 하지만 그 상상이 결국 나를 서울을 거쳐 이곳 미국에 까지 오게 만들었고, 늘 새로운 삶을 찾아 스스로 세상을 개척하게 만들었다.

　장사에 재미를 쏠쏠 붙일 무렵 전쟁이 터졌다. 온 나라를 전쟁의 화염으로 몰아넣은 공포는 우리 동네까지 밀려들었다. 우리 동네의 경우 직접적인 피해는 없었지만 개울 건너 옆 동네는 미국 공군기의 폭격에 쑥대밭이 되고, 남은 집들은 북한군이 후퇴하며 방화를 해 초토화가 됐다.

　하루는 동네 마당에 다들 모여 한가운데 모깃불을 피우고 놀고 있는데 갑자기 비행기가 멀리서 융단폭격을 하는 광경을 보았다. 고모가 사는 동네였다. 하지만 내가 사는 동네까지는 북한군이 들어오지 않아 시체 등의 얘기를 전해만 들었고, 직접 전쟁의 참상을 목격하지는 못했다. 오빠들 또한 전쟁 기간 중 다른 탈은 없었다.

　전쟁이 왜 일어나는지 왜 서로를 죽이며 싸우는지 그때는 전혀 생각해볼 나이가 아니었지만 그 엄청난 폭발음이나 간간히 어른들이 하는 말을 들어보면 그 당시 어린 우리들을 무섭게 하던 귀신이나 도깨비하고는 비교가 안 되는 무서움이었다.

　밤에 밖에 나가려면 귀신이나 도깨비가 가장 무서운 존재였는데 그 도깨비나 귀신들도 모두 어디론가 도망을 가야할 만큼 비행기에서 떨어트리는 폭탄은 무서웠고 어른들도 숨게 했다.

 그야말로 공포의 시기였고 숨도 제대로 쉬지 못할 만큼 무서웠다. 그리고 어른들이 하는 말을 들어보면 어느 마을 누가 죽었다더라 어느 마을 누가 다리 병신이 되었다더라 하는 이야기를 들으면 금방 오금이 저리고 무서웠다.

 디구나 나는 일찍 아버지가 돌아가셔서 사람이 죽는 다는 것이 무엇인가를 경험했기 때문에 죽음에 대한 무서움증이 더했다.

 북한군 중 후퇴하지 못한 일부 낙오병과 공산 치하에서 붉은 완장을 찼던 사람들은 산으로 도피해 빨치산이 됐다. 이들은 매일 저녁이면 동네로 내려와 전기선을 절단하고, 소와 식량을 가져갔다. 우리는 이들이 무서워 밤마다 공포에 떨어야 했다.

 우리 가족이 몰살당할 뻔한 아찔한 순간도 있었다.

 아버님 제사를 맞아 온 가족이 모인 날이었다. 경찰인 큰 오빠도 위험을 무릅쓰고 장남의 도리를 다하기 위해 참석했다. 그런데 하필이면 이 날 밤 빨치산들이 마을로 내려왔다.

우리 가족은 담배 잎을 말리기 위해 방바닥에 잔뜩 늘어놓은 방안에 모여 있었는데, 빨치산들이 우리 집에도 들이닥쳤다. 빨치산들이 집안으로 대문을 열고 들어섰을 때 나는 방바닥에 큰 오빠의 경찰제복이 놓여있는 것을 발견 했다.

"우리는 이제 다 죽었구나." 순간적으로 절망과 공포가 복잡하게 머릿속에서 반복됐지만 번뜩 생각이 떠올랐다. 나는 슬그머니 치마로 제복을 가리며 그 위에 앉았다. 다행히도 빨치산들은 어린 여자애의 치마 밑을 의심하지 않았다.

순간의 기지가 식구들의 목숨을 건진 아찔하고도 다행스러운 경험이었다.

나의 순간적인 기지와 대담한 행동이 없었다면 우리 가족들은 말 할 수 없는 고통을 받았을 것이다.

전쟁은 많은 것을 바꾸어 놓았겠지만 우리들이 밖에 나갈 때마다 제일 무서워하던 도깨비나 귀신보다 더 무서운 것이 있다는 것을 알게 해준 것이다.

무엇보다도 비행기가 한 번 뜨면 사람들은 모두 숨기 바빴다. 그때만 해도 양반 타령을 많이 해서 양반인양 하며 여유를 보이던 사람들도 비행기의 폭격이나 공비의 공포 앞에서는 어쩔 수 없는 한 인간일 수밖에 없었다.

　오빠들은 나를 구박했지만 나는 오빠들을 늘 듬직하고 멋있게 생각했다. 특히 추석 같은 명절 때 새 옷을 입은 오빠들의 모습은 너무 멋있어 자랑스럽기까지 했다. 하지만 내 차례까지는 새 옷이 돌아오지 않았다. 늘 내 옷만 없었다.

　어느 해인가 나는 내 손으로 직접 옷을 만들기로 마음먹었다. 하얀 저고리와 까만 치마를 정성들여 만들었다. 바느질은 듬성듬성했고, 볼품은 없었지만 내 손으로 만들었기에 뿌듯했다. 이 옷을 입고 엄마에게 세배를 드렸다. 내 인생에 가장 기억에 남는 순간 중의 하나다. 까만 치마를 하얀 실로 바느질을 한 옷이었지만…

상경의 꿈

　서울 미아리에서 외가가 세탁소를 하고 있었다. 외사촌 언니는 막내 오빠를 데려가서 세탁소에서 일하게 했다.

　나는 그런 사촌 언니와 막내 오빠가 부러웠다. 좁은 시골에서 벗어나 넓은 서울에서 활활 꿈의 나래를 펼치고 싶었고, 새로운 세상에서 새로운 도전을 하고 싶었다. 엄마와 주위 사람들에게 "15세에 서울 가는 것이 꿈"이라고 늘 떠들고 다녔다.

막연한 서울에 대한 동경이 내안에서 삶의 원동력이 되어 주었다. 서울에 간다는 생각만 해도 가슴이 뛰었고 그 꿈이 생활의 어려움이나 고통을 이기게 해 주었다.

나의 바구니 장사는 계속 됐지만 캔디나 껌 장사에서 떡 장사로 장사 종목이 바뀌었다. 장성 떡 방앗간에서 떡을 받아다 장성역을 중심으로 떡 장사를 했다.

나이도 어리고 몸도 작았기에 열차 승객들 다리 사이로 슬쩍 끼어들어 역무원의 눈을 속이고 개찰구를 통과해 객실 안을 돌며 떡을 팔았다.

검표원에게 들키면 매를 맞았기 때문에 멀리서 검표원이 나타나면 도망 다녀야 했다.

떡은 꽤 인기가 있고 장사가 짭짤해 상당히 오랜 기간 동안 계속했다.

장성역에서 서울로 가는 상행선을 타고 한 정거장을 가는 사이 떡은 언제나 다 팔려 더 이상 올라가지 않았다.

떡을 다 팔고나면 하행선 기차를 기다렸다가 타고 내려오며 객차 계단에 앉아 스쳐지나가는 경치를 보며 온갖 상상을 다 했다. 시골 어린 소녀가 꿈 꿀 수 있는 것이라야 뻔한 것들이었겠지만 객차 승강구 계단에 앉아 이런 저런 생각을 하다보면 장성역에 도달하곤 했다.

아마도 그 당시 가장 많이 상상의 나래를 펼쳤던 내용은 서울로 가는 꿈이었을 것이다. 서울에 가서 무엇이 되겠다는 구체적인 것은 없지만 모두가 갈망하는 서울로 가면 무언가 이뤄지고 말 것 같은 환상 속에 살았다.

서울에 가서 가난을 물리치고, 온 가족이 배부르게 먹으며 오순도순 지낼 것이란 생각도 했고, 상상의 나래는 현실을 뛰어 넘어 산을 넘고 물을 건너 끝없이 펼쳐졌다.

하루는 동생이 같이 가고 싶다고 해서 데려갔다. 떡을 다 팔고 나서 함께 신나게 놀다보니 내려가는 기차를 놓쳤다. 할 수 없이 한 정거장을 걸어야 했다. 기차역 한 정거장은 짧은 거리가 아니었다.

집으로 가는 길을 몰라 철로를 따라 걸어가는데 높은 철교가 나타났다. 이 다리를 건너야 되는데 철목

사이로 아득한 밑바닥이 내려다 보였다. 동생은 무섭다고 건너지 못하고 울기만 했다.
 "언니야 무서워 못가겠다. 무서워…"
 나도 무섭기는 마찬가지였다. 그러나 동생을 건너게 하기위해 무서워하는 기색을 보일 수 없었다.
 밑을 내려다보면 그야말로 아찔하고 현기증이 일었다. 기차라도 갑자기 오면 죽는다는 생각에 무서움증을 물리치고 건너야 했다.
 "혜미야 내 손을 꼭 잡아! 눈을 꼭 감고 밑을 내려다보지 마!"
 내가 동생의 손을 억지로 끌며 건넜다. 온 몸에는 식은땀이 베고 손에도 진땀이 났다. 다리가 후들거리고 몸의 중심을 잡기가 힘들었지만 이를 깨물며 걸었다.
 혜미는 무서움을 이기지 못해 우는 소리를 내고 간혹 발을 헛디뎌 중심을 잃으면 내 몸까지 흔들려 공포에 떨게 했다. 혜미는 내 손을 잡고 건너는 것도 불안해 결국 엎드려 네 발로 기어서 간신히 철교를 건넜다.
 그 일은 인생을 살아오면서 어려운 일이 닥칠 때마다 이겨나가게 해주는 좋은 추억이 되었다.

남자들은 군에 가서 유격 훈련이나 힘든 훈련을 받고나면 대담해지고 사회생활 하는데 인내를 가질 수 있도록 한다는데 나는 일찍부터 집을 떠나 남의집 살이를 하며 경험한 고생들이 무의식중에 나를 키우고 힘든 삶을 이겨나가게 해준 것 같다.

나는 이때의 일로 인해 고소공포증이 생겨 높은 곳을 오르면 불안해 견디지 못하게 되었다.

걷다보니 어느 듯 밤이 되고 하늘에 달이 환하게 떴다. 어두운 숲길은 어린 두 여자아이에게 무척 무서웠다. 달에 비치는 나무의 긴 그림자가 바람에 흔들리면 절로 화들짝 놀랐고, 새가 퍼덕이며 날아오르면 우리도 깜짝 놀랐다. 바람에 바스락 거리는 나뭇잎 소리나 제 동무를 부르는 새 소리조차 무서워 둘이서 아는 노래를 모두 불렀다. 동생과 함께 노래를 부르니 마음이 진정되고 무서움도 다소 가셨다. 노랫소리가 마치 무서움을 쫓는 주문처럼 마음을 안정시켜 주었다.

어쩌다 계곡에 흐르는 물소리도 아름답기보다 귀신이나 도깨비가 살금살금 다가오는 소리처럼 들렸고 바람이 스치고 가는 소리들도 우리를 긴장시켰다.

"언니 무섭다! 언니도 무섭지?"

나는 혜미를 달래기 위해 안 무섭다고 호기를 부리며 노래를 크게 불렀다.

해는 져서 어두운데 찾아오는 사람 없어
밝은 달만 쳐다보니 외롭기 한이 없다.
내 동무 어디 두고 나 홀로 앉아서 이 일
저 일만 생각하니 눈물만 흐른다.

고향하늘 쳐다보니 별 떨기만 번쩍거려
마음 없는 별을 보고 말 전해 무엇 하랴
저 달도 서쪽하늘 다 넘어가건만 단 잠
못 이뤄 애를 쓰니 이 밤을 어이 해

뜸북뜸북 뜸북새 논에서 울고
뻐꾹 뻐꾹새 숲에서 울 때
우리 오빠 말 타고 서울 가시며
비단구두 사가지고 오신다더니

푸른 하늘 은하수 하얀 쪽배엔 계수나무
한 나무 토기 한 마리 돛대도 아니 달고

박제된 유년 시절

삿대도 없이 가기도 잘도 간다 서쪽나라로

　　은하수를 건너서 구름나라로 구름나라
　　지나서 어디로 가나 멀리서 번쩍 번쩍
　　비치는 건 샛별의 등대란다 길을 찾아라

　　초록포장 둘러치고 역마차는 달린다
　　이 거리 저 거리를 흔들 흔들리면서

　순서도 없이, 가사가 틀리면 틀린 대로 노래를 부르며 가까스로 집에 돌아오니 둘 다 다리가 퉁퉁 부었고, 발에는 피멍이 들었다. 동생은 얼마나 혼이 났는지 두 번 다시 따라가겠다는 말을 하지 않았다.
　　막내인 여동생과는 어릴 때부터 지금까지 쭉 사이가 좋다.
　　여동생은 그 때 토끼를 길렀는데 무척 예뻐했다. 집이 산 밑에 있었는데 쥐가 많아 쥐약을 놓곤 했다. 하루는 내가 쥐약이 담긴 그릇인 줄 모르고 그 위에 밥을 퍼서 토끼를 줘 죽어버렸다. 막내가 슬피 울던 모습이 아직도 생생하다.
　　토끼가 죽고 나서 여동생은 병아리를 얻어다 길렀

는데 토끼에 쏟던 정을 병아리에 쏟으며 귀여워 해 밤에 잘 때는 품에 안고 자기도 했다.

여동생은 지금 볼티모어 시내에서 그로서리 업소를 하고 있지만, 생활에 쫓겨 서로 정을 충분히 나누지 못하는 것이 아쉽다.

드디어 서울 가다

15세가 되자 꿈 꿔온 대로 서울로 향했다. 서울로 달려가는 기차는 내 꿈을 실현시켜 주기 위해 힘차게 달리고 있었다. 전에는 몰래 숨어 기차를 타고 손님들에게 떡을 팔았지만 지금은 다른 사람들처럼 기차표를 사 함께 달리고 있었다.

말로만 듣던 서울, 모두가 가고 싶어 하는 서울로 향하고 있다는 것이 꿈만 같았다.

나뿐만 아니라 모두가 서울을 동경하고 어쩌다 서울을 갔다 온 사람이라도 만나서 서울 이야기를 들으면 금방 자기도 서울을 갔다 온 것처럼 기분이 들뜨곤 하지 않았던가.

내 인생의 미래가 어떻게 전개될지 모르는 미지의 세계가 나를 기다리고 있는 서울, 서울에 가서 무었을 어떻게 해보겠다는 계획도 없이 그저 막연하게 동경하던 서울을 향해 달려가는 나는 한 없이 행복감에 젖어 들떠 있었다.

다녀보지 못한 학교를 간다든가 양장기술 같은 것을 배운다는 계획 따위도 없는 상경이었지만 어떤 꿈이 실현될 것이란 기대에 가슴은 한없이 설레고 있었다.

말로만 듣던 서울은 시골에서 상상하던 그런 곳이 아니었다. 시골에서 보지 못했던 큰 건물들이 줄지어 서 있고 수많은 자동차들이 바쁘게 오가고 있었다.

정말 누군가 코를 베어가지고 달아나도 어디가 어딘지를 몰라 그냥 당하고 말 것 같았다. 자전거라도 타면 시골에선 자랑거리인데 수많은 자동차들이 끊임없이 달리고 그 사이로 자전거, 손수레가 뒤 섞여 다니고 있었다.

이렇게 정신없이 돌아가는 곳에서 살아야 사람구실을 한다고 사람은 서울로 가야하고 말은 제주도로 가야한다고 하니 이해가 가지 않는 말이었다.

사촌 언니가 서울에서 유리공장을 하고 있었다. 언니가 미아리의 바느질 공장에 취직시켜줬다. 언니는 큰 외삼촌의 딸이었다. 큰 외삼촌네는 아들 2명에 딸이 무려 11명이었다. 사촌 언니는 그 중의 한 명으로 몇 째인지는 기억나지 않는다. 이 언니가 우리 가족에게 잘해줬다.

아버지가 이북으로 간 것도 사촌 언니의 초청 때문이었다. 나와 나이차이가 많이 나서 내 나이 또래의 딸도 있던 언니는 그곳에 자리 잡고 있었다. 몸은 말랐지만 강단 있게 생긴 언니는 사람이 좋았고, 우리 일이라면 발 벗고 나서 도와주었다.

꿈에 그리던 서울 생활이지만 나를 기다리고 있는 것은 신데렐라 꿈이 아니고 인생 밑바닥 일들이었다.

공장의 바느질 일은 너무 힘들어 견딜 수가 없었다. 좁은 공간에 미싱들이 줄지어 놓여있고, 재단사들이 쉴 틈 없이 바느질을 해대었다. 그 소리들을 들으며 나는 시다로 재단사 보조 일을 했는데 나 역시 쉴 틈도 없는데다 날마다 잔업과 철야작업을 해야 했다. 처음 해보는 공장 생활이 호기심도 있었지만 시간이 지날수록 반복되는 단순한 노동에 싫증이 났고 미싱들 돌아가는 소리도 귀에 거슬리기 시작했다.

월급을 받으면 모두 집으로 송금하는 보람도 있었지만 힘에 부쳐 더 이상 다닐 수 없었다. 다시 언니에게 남의집살이를 소개해달라고 부탁했는데 마침 그 즈음 공장이 문을 닫았다.

　언니로부터 동네 극장 옆집을 소개받아 아기 보는 일을 하러 들어갔다. 맘씨 좋은 집 주인은 내게 밤에 학교에 다닐 것을 권했다. 한 3개월가량 학교에 다녔는데 그때까지 까막눈이었던 문맹 신세를 면하고 한글을 깨우쳤다.

　거리에 나가면 간판에 씌워진 글자가 무슨 말인지를 몰랐는데 글을 깨우치고 나니 새롭게 눈을 뜬 것 같고 답답증이 가셨다. 글을 읽을 줄 아니 세상에 다시 태어난 기분이었다.

　이때쯤 막내 오빠가 경기도 의정부에 세탁소를 차려 의정부로 건너가 오빠네 집에 살며 세탁소 일을 도왔다.

　한글을 익힌 덕에 여가가 나면 만화와 잡지, 소설을 즐겨 읽었다. 공부가 몹시 하고 싶었지만 여전히 학교에 다닐 형편은 안 되었다. 그래서 만화책 보는 게 유일한 낙이었다. 무척 많은 만화책을 본 걸로 기억된다. 너무 만화에 열중하자 어머니가 더 못 보게 막아 이불을 뒤집어쓰고 손전등으로 불을 밝히고 보기도 했다. 이와 달리 한글을 쓸 기회는 없었기에 아직도 한글을 쓰는 데 익숙하지 못하다.

　오빠의 세탁소가 잘 되어 어머니와 여동생을 의정부로 오게 해 함께 살았다. 나중에는 둘째, 셋째 오빠까지 의정부로 옮겨왔다.

첫 사랑

　내 나이 16-17세 무렵 처음으로 연애를 했다. 누구나 겪는 사춘기를 맞으며 세상이 새롭게 보이고 감정의 기복도 심했다. 괜시리 남자들을 만나면 가슴이 울렁이고 혼자 있을 때는 한 번 스치고 지나간 얼굴인데도 떠오르곤 했다.
　나의 첫 사랑이 지금은 이름도 잘 기억나지 않고 성이 이씨라는 것만 생각난다. 맹목적인 사랑, 그래서 그 열정이 더 뜨거울 수밖에 없을 것이다.
　무언가 계산된 사랑이 아니라 순수한 감정에 이끌려 몰입되는 감정, 이런 감정의 격랑을 거쳐보지 않은 사람이 누가 있을까마는 그때는 이 세상이 모두 우리의 조연이고 우리는 주인공 같은 환상 속에 살았다.
　우리의 사랑이 얼마나 아름다웠는지는 모르겠지만 그 정도면 충분히 청춘 시절의 통과 의례는 되고 남을 것이다. 그와는 나이도 비슷했던 것 같다. 그는 딸이 다섯인 집안의 4대 독자였다. 그는 잘 생겼고, 키가 컸다. 성격도 좋아 내가 그를 더 좋아했던 것 같다. 반면 돌이켜보면 그는 나를 별로 사랑하지 않았던 것 같기도 하다.

꽃다운 이팔청춘에 찾아온 사랑은 나에게 새로운 세상을 맛보게 했다. 집안에서 괄시만 받고 천덕꾸러기였던 내게 그의 따뜻한 사랑은 삶이 험난한 것만은 아니라는 사실을 충분히 느끼게 했다.

그가 군에 입대해 부산에 있는 부대에 있을 때 면회를 갔던 기억도 난다. 옆집 미용실에서 처음 만났던 우리는 의정부 일대를 돌아다니며 데이트를 했다.

한번은 의정부에서 우이동까지 함께 오토바이를 타고 간 적이 있었다.

뒷자리에 타고 있던 나는 목도리를 하고 있었는데, 목도리가 바퀴에 딸려 들어가 죽을 뻔한 적도 있다. 뒷좌석에서 그의 허리를 잡고 달리면 하늘을 나는 것 같았다.

젊은 시절의 모험심이 폭발하며 짜릿한 스릴을 느끼는 맛은 무어라 말로 표현 할 수 없었다. 비오는 날 비를 흠뻑 맞아가며 포옹한 적도 있다. 하지만 마지막

선은 지켜 잠자리를 같이 하지는 않았다.

우리는 그야말로 불타는 연애를 했다. 그와 함께 있는 시간은 늘 행복했고, 빨리 지나갔다. 돌아서면 보고 싶었고, 하루라도 보지 않으면 견딜 수 없었다.

저녁에 자리에 누워도 그의 얼굴이 떠올라 가슴을 울렁거리게 했고 보고 싶어 못 견디게 했다. 그를 만나고 헤어질 때면 너무 아쉽고 헤어지기 싫어 그를 따라 가고 싶었지만 사회적 규범이나 여자는 몸을 함부로 할 수 없다는 생각 때문에 따라 갈 수 없었다.

그도 밤을 같이 보내자고 유혹할 때가 있었지만 나는 끝까지 최후의 선을 지켰다.

깨어진 첫사랑

첫 사랑은 이루어 질 수 없다고 했던가. 평생 간직할 것 같았던 사랑은 너무 허무하게 사라졌다.

우선 상대 집안의 반대가 심했다. 특히 그의 누나들이 적극적으로 반대 했다. 우리 집이 가난하고 내가 배운 게 없다는 것이 이유였다. 2년여를 사귀다 결국 관계가 깨어졌을 때 나의 상심이 너무 커서 자살 소동을 벌이기까지 했다. 실연의 아픔을 이길 수 없어

약을 먹었지만 어머니가 발견하고 병원에 데려가 살아났다.

　병원에서 퇴원해 집으로 돌아왔지만 아무 것도 할 수 없었다. 모든 것이 허무했고 의욕도 없었다. 하늘을 힘차게 날던 새가 갑자기 땅에 덜어져 하늘을 날 을 수 없게 된 것처럼 그 아무 것에도 애착을 가질 수 없었다.

　실연의 아픔을 잊기 위해 세탁소 일에만 전념했다. 다른 것은 생각할 수도 없고, 생각하기도 싫었다. 삶에서 아무런 재미도 느낄 수 없었고, 희망도 함께 사라졌다. 내 인생에서 처음으로 꿈이 사라진 순간이었다. 그저 묵묵히, 마지못해 하루하루를 보낼 뿐이었다.

　모든 괴로움에서 탈출하기 위해 세탁물을 빨고 다리는 일에 몰두 했다. 세탁 기계가 없던 시절이라 손으로 그 많은 옷을 빨았다. 옷을 빨고 나면 손이 물에 불어 남의 손같이 감각이 둔해지곤 했지만 일에만 몰두했다.

　그래야만 그 사랑의 아픔을 잊을 수 있었다. 옷을 빨고 있을라치면 금방 그 사람이 나타나 나를 부르는 것 같은 환상에 빠지기도 했다. 무엇보다도 혼자 잠을 잘 때면 그의 얼굴이 떠오르고 그가 창밖에서 나를 부르는 것 같은 환청에 빠지기도 했다.

대문 밖 어디에서 내가 나오기를 기다리고 서 있을 것 같기도 해 밤에 실없이 밖을 내다보기도 했다.

청춘 시절에 한 번쯤 앓아볼 열병이지만 그런 병은 다시 앓고 싶지 않은 병이다. 하지만 그 병은 나의 정신세계를 나도 모르는 사이 어른으로 성숙 시켰을 것이다.

서로 사랑을 할 때는 세상의 모든 것들이 우리를 위해 존재하는 것 같았지만 사랑이 깨어지자 온 세상이 공허했고 허무했다. 사랑의 아픔이 사람을 성숙시킨다고 하지만 그 열병은 너무도 지독했다.

밥맛도 없고 잠도 제대로 잘 수 없었다.

제2장

미지의 땅을 찾아서

결혼과 도미

　세탁소는 인근 부대의 미군들이 많이 이용했다. 우리 세탁소는 군부대 바로 앞에 있었는데 자주 드나들던 미군 한 명이 바로 옆 상점에서 미국 물건과 잡화를 파는 노씨에게 나를 소개해달라고 부탁했다.
　내 나이 18-19세 때이다. 노씨로부터 그 말을 들은 후 그가 세탁소에 왔을 때 힐끗 봤다. 눈여겨보지는 않았지만 인상은 괜찮았다.
　그는 수시로 세탁소를 찾아와 나의 관심을 끌려고 했고, 환심을 사기 위해 선물도 했다.
　절망의 늪에 빠져있던 나는 나도 모르게 서서히 바깥으로 몸을 내밀고 있었다. 어느 정도 분위기가 무르익자 그는 내게 프로포즈를 했다.
　영어를 한마디도 못했지만 실연의 상처에서 헤어나지 못하고 있었기에, 죽는 것보다는 미국에 가는 것이 낫겠다고 생각, 그의 청혼을 받아들였다.
　그때만 해도 미군과 결혼 한다는 것은 집안의 망신이고 수치로 여기던 때라 셋째 오빠가 따귀를 때리고, 모두 반대를 하는 분위기였지만 내가 실연으로 자살 소동을 빌인 뒤 끝이라 그렇게 극심하게 말리진 않았다.

　1960년 5월 드디어 결혼을 했고, 2년 뒤인 1962년 2월 남편과 함께 미국으로 떠났다.

　미국에 오기 전 우리 가족은 모두 한집에서 살았다. 우리 부부도 따로 나가 살지 않고, 그냥 함께 살았다. 큰 집을 얻어 어머니와 셋째, 넷째 오빠와 나, 여동생이 함께 살았다. 우리 부부가 버는 월급은 모두 가족 생활비로 들어갔다.

　남편이 미국으로 돌아가게 되자 나는 선뜻 미국행에 동의했다. 미국에서 새 삶을 열고 싶었다. 가난과 천대, 첫 사랑의 상실 등 모든 아픈 기억과 어두웠던 과거를 훌훌 털어버리고 새로운 날개를 펴고 싶었다. 내 상상의 나래는 어느덧 미국으로 날아가고 있었다.

　미국은 세계에서 힘이 제일 세고 잘 사는 부자 나라로 모두가 동경하는 시대 풍조가 있었지만 미군과 함께 사는 것은 부끄럽게 생각했으니 이율배반 적인 데가 있었다고 해야 할 것이다.

　미국인 남편과 한 집에 사는 동안 서로 문화가 달라 어색한 점도 많이 있었지만 남편은 잘 적응해주었고 나도 남편이 불편하지 않도록 신경을 썼다.

남편을 위해서 할 수 있는 음식은 오로지 볶음밥 밖에 만들 줄 몰라 볶음밥만 만들었다. 남편은 그런 나를 위해서 가끔 부대 식당에 데려가 양식을 맛보게 했지만 나의 음식 솜씨는 별로 나아지질 않았다.

남편을 따라 남의 나라로 간다는 것이 그리 쉬운 일은 아니었다. 어머니의 품을 떠나고 형제들과 헤어져 남의나라로 간다는 것이 한편 가슴 아픈 일이었지만 일찍이 남의집살이를 한 경험이 있으니 또 다시 대범하게 출범 할 수가 있었다.

떠나기 전에 온 가족들이 집에 모여 마지막 회식을 했다. 음식을 함께 먹으며 아쉬운 석별의 정을 나누었다.

가족의 품을 떠나 나 혼자 미지의 세계로 가야 한다는 것이 슬펐지만 미지의 세계에 대한 동경이 나의 슬픔을 눌러 참게 했다.

의정부에서 인천으로 떠나는 버스를 타고 가족들과 헤어지는 날은 눈물이 하염없이 흘렀다. 이제 헤어지면 또 다시 만날 수 있을까. 온 가족들의 얼굴들을 머릿속에 확실히 새기기 위해 눈물 젖은 눈으로 오랫동안 응시하며 바라보았다.

이제는 내 나라가 아닌 남의나라. 미국으로 간다는

것이 믿어지지 않았고 이렇게 가족과 헤어지면 언제 다시 만날 수 있을까 하는 막연한 불안이 가슴속으로 밀려들었다.

　아버지를 여의고 어렵게 살아가는 가족들이었지만 가족과 함께 살 수 있다는 것은 큰 위안이었고 안식처였는데 나만 홀로 먼 이국으로 떠난다는 사실이 나를 슬프게 했다.

　눈물을 훔치며 차창가로 지나가는 풍경들을 바라보자 그 풍경들도 내가 떠나가는 것을 아쉬워하듯 침울해 보였다. 가족들의 품을 떠나고 내가 자란 내 나라를 떠나는 것이 나 혼자 먼 세계로 버려지는 기분이었다.

　옆에 앉아 있는 남편은 나의 이런 기분을 깊게 이해하는지 모르지만 나의 어깨를 안아주곤 했다.

태평양 횡단

　인천 게스트 하우스에서 하루를 묵은 후 미국으로 출발하는 배에 올랐다. 배의 이름은 THE S,S ARE-KLE RIDEE로 기억된다.

　배에 승선하자 게스트 하우스에서 느꼈던 차별은

없어졌다. 남편의 계급이 졸병이었기 때문인지 차별이 심했지만 배에서는 그런 차별을 느낄 수 없었다.

일반인들이 대부분이었고 장교들이 많아서인지 배의 분위기는 자유로웠고 낭만적인 데가 있었다. 뱃고동을 울리며 육지가 점점 멀어지자 이제 한국을 떠난다는 것이 실감 되었고 부모 형제들의 얼굴이 눈앞에 떠올랐다. 뿐만 아니라 집을 떠나 남의집살이를 하던 때도 떠오르고 모든 것들이 주마등처럼 눈앞을 스쳐갔다.

저녁에 잘 때면 꿈속에까지 나타나던 그 사팔뜨기 마귀 아줌마 얼굴도 떠올랐다. 나의 종아리에서 피가 나도록 때리던 그 사팔뜨기 아줌마가 어렸을 적에 기마순경을 불러 잡아가게 한다고 겁을 주던 시절이 오래된 흑백영화 필름처럼 머릿속을 스쳤다.

배가 육지에서 멀어져 갈수록 몸만 멀어져 가는 것이 아니라 머릿속에 저장된 사연들도 멀어져 가는 듯 했다.

배에 올라 이 생각 저 생각 하며 시간이 지날수록 머리가 점점 아프기 시작하더니 뱃멀미 증세가 나타났다. 나의 남편은 졸병이기 때문에 나와 함께 잘 수가 없어 따로따로 잠을 자야만 했다. 나와 함께 룸메이트가 된 여성은 군속으로 일하는 미국 여성이었는데 뱃멀미로 고생하는 나를 많이 도와주었다.

　나는 그녀에게 고맙다는 말만 해서는 나의 마음이 전달되지 않을 것 같아 손에 끼고 있던 진주 반지를 빼주었다.

　음식물을 토하고 나면 기운이 다 빠지고 환자처럼 침대에 누워 시간을 보내야 했다. 사나흘이 지나면서 뱃멀미가 서서히 가라앉았다. 뱃멀미가 가라앉자 갑판에 나가 시원한 바람을 쏘이며 태평양의 넓은 바다를 감상했다.

　석양이 질 무렵 붉은 햇빛이 바다를 적실 때는 너무나 황홀하고 신비로워 이 세상이 아닌 딴 세상에 온 것처럼 탄성이 절로 나왔다. 아무것도 보이지 않고 끝없이 펼쳐진 바다가 무섭기도 했지만 석양이 질 때면 너무도 아름다웠다.

　그리고 가끔씩 고래들이 커다란 꼬리를 내밀었다가 바다 속으로 모습을 감추는 광경을 연출하기도 해 그럴 때면 사람들이 환호성을 올렸다.

　어떤 날은 돌고래 때들이 배 옆에 나타나 한참을 같이 가기도 하고 작은 고기들이 물결을 차고 나와 나르기도 했다. 바다는 단순히 물만 가득히 채워져 있는 삭막한 곳이 아니라 수많은 생명을 키우고 인간과의 유대를 유지하며 공존하는 곳임을 깨닫게 했다.

처음 탈 때는 엄청나게 큰 배로, 이렇게 큰 배도 있는가 싶었지만 배 안에서의 생활이 계속되자 지루했고 답답증을 느끼게 했다. 그런 답답증이 일어날 때면 갑판에 올라 시원히 확 트인 태평양에 가슴을 열어젖히고 미지의 세계에 대한 꿈을 펼쳐보았다.

미래에 나의 인생이 어떻게 전개될까 하는 의문과 불안감이 있었지만 어릴 때부터 단련된 생활전선의 경험들이 그런 순간들을 물리쳤다. 이렇게 거대한 바다를 건너보는 경험은 일생일대에 한두 번 있을까 말까한 경험일 것이다. 그리고 이러한 경험들은 일상에서 일어나는 일들을 대범하게 헤쳐 나가게 해줄 것이라고 생각되었다.

미국에 도착

배는 화와이를 거쳐 캘리포니아 나파벨리에 도착했다. 상상으로만 그려보던 미국에 드디어 발을 올려놓는 순간이었다.

하선하는 사람들 틈에 끼어 미국 땅을 밟자 기분

이 약간 상기되고 가슴이 두근거렸다. 내 인생이 어떻게 전개될지 모르는 미지의 땅, 그 땅을 밟는 첫 순간 기분은 그리 나쁘지 않았다.

시원한 바닷바람이 그 동안 배안에 갇혀 생활하던 답답함과 미지의 세계에 내리는 약간의 불안감을 모두 씻어 날려 버리는 듯 했다.

남편의 친척 되는 분이 항구에 마중을 나와 우리를 기다리고 있었다. 그 집에서 2주일을 머문 후 아파트를 얻어 나왔다. 샌프란시스코 북쪽에 자리한 이곳은 한국에도 와인의 산지로 잘 알려져 있다. 사병이었던 남편은 전역 후 살구 포장공장에 취직을 했고, 나는 공부를 하고 싶어 전문대학 격인 주니어 칼리지에 입학했다.

주니어 칼리지는 고교 수료자에게 2년간 고등교육의 기회를 제공하는 학교로 공립인 경우 커뮤니티 칼리지라고도 불린다. 나는 아무런 학력도 없었지만 사정사정해서 겨우 들어갈 수 있었다.

영어를 못했던 나는 강사의 말을 도저히 알아들을 수가 없었지만, 악착같이 공부에 매달렸다. 당시 내가 다니던 학교에는 외국학생을 위한 ESOL(English for Speakers of Other Languages) 과정이 없었다. 나를 딱하게 본 한 교수의 배려로 어학학습부스에서 공부하기도 했다. 전화박스처럼 생긴 곳에서 히어링을 집중적으로 하도록 했다.

공부에 한이 맺혔기에 무조건 공부를 해야 했고, 또 공부가 재미있었다. 하나하나 새로운 지식을 쌓아 갈 때 깨우치는 기쁨은 말로 표현하기 힘들었다.

아는 게 없었기에 모든 것이 새로웠고 신기했다. 뭐든지 배우고 싶었고, 공부하는 대로 지식이 됐다. 기초도 없는 상태에서 출발한 공부였지만 시작한 이상 남과의 격차를 따라잡아야 했다. 힘든 줄도 모르고 공부에 매달렸다.

기초가 없이 막무가내로 하는 공부이니 잘 될 리가 없었다. 문제를 풀 수 있을 때까지 손에서는 물론 머리에서도 문제를 놓지 않았다. 하지만 미국에서 정상적인 교육을 받은 다른 학생들을 따라 잡는 것은 고사하고, 수업 진도를 따라 가는 것만도 너무 벅찼다.

이즈음 음식이 입에 맞지 않아 잘 먹지를 못했다. 체중이 84파운드까지 내려가서 병원에 가 주사를 맞기도 했다.

나는 어릴 때 엄마를 원망하지 않았다. 남의집살

이를 할 때에도 어쩔 수 없이 해야만 하는 줄 알았다. 하지만 나중에 성장한 후 내게 공부를 안 시킨 것만은 원망스러웠다.

오빠들은 모두 초등학교를 마쳤다. 여동생도 초등학교는 다녔다. 나만 아무런 교육도 받지 못했다. 다 같은 자식인데 나만 전혀 가르치지 않았고, 옷도 제대로 입히지 않았다.

나는 낳기만 해서는 부모가 아니라고 오랫동안 생각했다. 부모로서의 도리를 다하고, 자녀가 잘 성장할 수 있도록 뒷바라지를 해야 한다고 생각했다. 그래서 엄마를 많이 원망하기도 했다.

그러나 이제는 엄마를 이해한다. 가진 것 없이 젊은 나이에 청상과부가 된 엄마는 품팔이를 해서 자녀들을 교육시켰다.

여자 혼자 몸으로 육남매를 키우려면 자녀들을 다 만족시키기가 불가능하다. 엄마는 할 수 있는 한 최선을 다했고, 최선의 선택을 했다. 그런 엄마의 마음과 고통을 젊었을 때는 도저히 이해할 수 없었다.

엄마가 살아 계신다면 그 당시 고생하던 시절을 위로해드리고 싶지만 너무도 일찍 저세상으로 가시고 말았다. 연약한 여자의 몸으로 자식들 뒤치다꺼리를 하시느라 골병이 들어 일찍 저 세상으로 가셨다고 생각하면 어머니에 대한 원망보다도 너무도 안쓰러워 가슴이 저린다.

그런 것을 생각하면 미국의 복지 제도가 부럽지 않을 수 없다. 아마도 미국 같이 복지 제도가 잘 운영되었다면 어머니가 그렇게 고생을 하시지 않아도 되었을 것이고 그렇게 일찍 돌아가시지 않았을 것이다.

미국이 아무리 자본주의의 첨단 국가라고 하지만 복지 제도가 잘 운영되고 있다는 것은 그만큼 인본주의 정신이 살아 있기 때문일 것이다.

미국생활의 첫걸음

미국에 올 때 단돈 400달러를 갖고 왔다. 미국 와서 오랫동안 한국과는 연락을 끊고 살았다. 한글을 써본 적이 없어 편지를 쓸 수도 없었다.

남편의 성격은 미국에 와서야 제대로 알았다. 연애할 때와 결혼 초기에는 그의 진면목이 보이지 않았다. 내가 어리기도 했고, 실연의 상처에서 벗어나고픈 생각에 나를 사랑해주는 그 마음만 눈에 들어왔다. 그는 야망과 꿈이 없었다. 진득하게 오래 견디며 하는 일이 없었다.

　남편은 공장에 취업한지 6개월도 채 되지 않아 그만뒀다. 남편은 고향인 테네시 리오마로 가고 싶어 했다. 나는 학교를 다니던 중이어서 공부를 계속하고 싶었지만 어쩔 도리가 없었다. 돈도 없어 시아버지가 기차표를 보내줘 리오마로 갈 수 있었다.

　테네시에 도착해서야 시집 식구들을 상면했다. 시부모와 두 시동생, 그리고 시 누이가 있었다. 한국이 아닌 미국에서의 시집 생활을 어떻게 해야 잘 하는 것인지 정보도 없이 그저 엉거주춤 눈치껏 대충대충 하는 수밖에 없었다.

　남편은 리오마에서도 오래 있지 못했다. 그곳의 자전거 공장에 다니던 남편은 6개월 뒤 다시 군대에 가겠다고 했다.

　그는 군에 다시 들어가 한국으로 전출되기를 희망했다. 나는 시댁 앞에 있는 헛간 같은 집을 수리해 그냥 살자고 했지만 남편은 군대로 가겠다는 고집을 굽히지 않고 함께 한국으로 가자고 했다.

남편은 다시 한국으로

"옥히 당신 한국에 가고 싶지 않아? 함께 한국에 가면 가족들도 만나고 좋잖아!"

"나는 한국에 가고 싶지 않아요!"

"당신이 좋아 할 줄 알았는데"

"당신이 가는 것은 말리지 않겠어요"

"나 혼자 가는 것은 생각 안 했는데… 당신이 꼭 같이 갈 줄 알았는데…"

한국에 가고 싶지 않다고 버텨 나는 그냥 집에 남기로 하고 남편은 다시 군인이 되어 한국으로 떠났다. 남편이 없는 집은 너무 적막하고 쓸쓸했다. 남편이 없는 집에서 그냥 시간만 보낸다는 것이 너무 안타까웠다.

무의식중에도 문득 문득 내가 이렇게 살자고 부모형제를 떠나 미국으로 왔단 말인가 하는 생각이 들면 안정을 취할 수가 없었다. 무언가를 하지 않으면 안 된다는 강박관념 같은 것이 나를 짓눌렀다.

때늦은 공부

나는 시어머니께 학교에 다니고 싶다고 간청했다. 시어머니는 22살인 내가 초등학교 3학년으로 편입되도록 도와줬다. 그 역시 쉽지가 않았다. 교장 및 담당 교사와 수없이 면담한 끝에 겨우 허락을 받아낼 수 있었다.

나는 공부 할 수 있다는 사실에 너무 기뻐 열심히 공부만 파고들었고, 나의 열의에 감복한 학교 측은 내가 편안하게 공부할 수 있도록 많이 협조해줬다.

22살의 나이였지만 초등학교 생활은 재미있었다. 동심으로 돌아가 어린 급우들과 신나게 어울려 뛰어놀았다. 어린 시절 갖지 못했던 동심의 세계를 때늦게 즐기는 셈이었다. 아이들과 함께 거리낌 없이 뛰어놀면 마치 어려서 남의집살이 하느라 가져보지 못했던 즐거운 어린 시절이 다시 새롭게 탄생되는 것 같았다.

싫건 뛰고 웃고 놀다보면 내가 유년의 어린 시절로 돌아가 있었다.

아무 걱정 없이 그들과 함께 동화되어 생활하는 시간을 가져 본 것이 인생 일대의 아름다운 추억이라고 할 수 있을 것이다. 지금 생각해보면 그 당시가 너무 좋았다. 철도 없었고 마음에 걸릴 것도 없었다.

나는 남편이 없는 시댁에서 그렇게 덩그러니 홀로 남아 때늦은 학생이 되어 시집식구들이랑 함께 살았다. 미국에 온지 겨우 1년을 넘겼을 뿐이었다. 시댁생활에서 시동생과는 친했으나 시누이하고 시아버지와는 자주 다퉜다.

시 아버지는 섬세하고 자상한 유형의 사람이 아니고 좀 터프하면서 장난기가 있어 나를 골탕 먹이곤 했다. 길이 험한 곳에서 차를 험하게 몰아 내가 불안해 하면 자동차를 더 급하게 몰았다. 그리고 내가 겁을 내고 힘들어 하면 좋다고 웃었다.

시누이는 내 허락도 받지 않고 내가 아끼는 향수를 바르기도 하고 옷도 제 마음대로 입어 자주 다투게 되었다. 그렇지만 시누이 머리를 다듬어 주고 친구들을 집에 데려오면 시누이의 친구들도 머리를 해주었다.

내게 까다로웠던 시아버지가 속으로는 나를 예뻐했다는 것을 나중에 알았다. 동네 구멍가게에 갔을 때 시아버지가 동네 사람들에게 내 칭찬을 많이 했다고 들었다.

시아버지는 출장을 많이 다녔다. 그는 한국의 만

두와 수제비를 합친 듯한 덤플링을 좋아했고, 양파를 싫어했다. 한번은 시아버지를 골탕 먹이기 위해 음식에 양파를 잘게 다져 넣은 적이 있다. 하지만 시아버지는 맛을 보더니 오히려 맛있다고 세 그릇이나 먹었다.

"아버님이 싫어하는 양파를 넣었는데 맛있어요?"

"아히 양파를 넣었다고…"

골탕을 먹이려던 계획이 수포로 돌아가고 말았다.

"아버님은 양파를 싫어하잖아요!"

"아니야 맛이 아주 좋아!"

이렇게 되면 적대감을 가지고 공격하려던 사람이 맥이 빠지고 마는 것이 아닐까…너무나 싱겁게 끝이 나고 만 나 혼자만의 사건이 되고 말았다.

시댁 농장에는 소가 많았다. 시아버지는 오후가 되면 소를 몰고 집으로 돌아왔다. 새벽에는 소젖을 짰는데 시아버지는 소젖 짜는 방법을 내게도 가르쳐 줬다.

밤사이 퉁퉁 불은 소젖을 잡고 쭉쭉 잡아당기며 젖을 짜면 양동이에 젖이 가득 채워져 어떤 풍요로움을 느끼게 해줬다.

소젖을 짜서 냉장고에 넣어놓고 시간이 좀 지나면

위에 응고되는 것이 있었다. 그 응고된 것을 거둬내고 우유를 마시면 그 맛이 유달리 맛이 좋았다.

시어머니는 나를 딸처럼 아껴주셨다. 시어머니는 내가 남편만 믿고 이국땅까지 따라왔는데 아들이 혼자 놔두고 군대에 갔다며 안타까워했다. 시어머니는 매일 오후가 되면 말벗이 되어주기도 했다. 그리고 간간히 남편이 한국에서 보내오는 편지를 같이 읽기도 했다.

나는 1년 만에 5학년으로 진급했다. 같은 반 남자 아이 한 명이 영어를 가르쳐준다며 시도 때도 없이 나를 쫓아다녔다. 그러자 학교에서는 불상사(?)를 우려해 그 남자 애와 나를 떼어놓으려 했다.

23세 생과부와, 거의 키가 같은 남학생 간에 무슨 사단이 날 줄 알았던 모양이다. 지금도 그 일을 생각하면 혼자 웃게 된다.

등치가 큰 사내아이가 영어를 가르쳐 준다며 학교에서도 항상 옆에 붙어 있고 내가 목화밭에서 일을 할 때도 옆에 붙어 있으니 학교에서는 물론 동네 사람들도 이상하게 생각할 수밖에 없었을 것이다.

학교에서는 그 아이에게 내게 접근하지 말라는 명령 조치를 취해 그 후 부터는 내 곁에 오지 못했다.

토요일이면 목화밭에서 일을 했다. 큰 트랙터를 타고 목화 따는 것을 도왔다. 어깨에 맨 자루에 목화가 가득 차면 트럭으로 수거했다.

한국의 시골에서 농사일을 품앗이로 하듯이 동네 사람들은 서로 돌아가며 목화밭을 따 주었다. 나는 돈 때문에 하는 일이 아니라 심심풀이로 하는 일이었고, 학생들이나 동네 사람들은 내게 영어를 가르쳐주겠다고 친절하게 대해 주었다.

점심때는 나무 그늘 밑에서 콩과 토마토를 넣은 빵을 먹었다. 흔히 말하기를 땀에 젖은 빵, 눈물에 젖은 빵을 먹어봐야 인생의 참 맛을 안다고 한다. 정말 노동 후에 먹는 빵은 먹어본 자만이 알 것이다. 그 맛은 너무 맛있어 둘이 먹다 한 명이 죽어도 모를 정도였다.

땀은 신성하다고 하지만 그것도 적당히 힘들 때 이야기이지 힘에 부치는 일을 할 때는 지옥이 되고 말 것이다.

입안에 빵을 씹으며 하늘을 보면 푸른 하늘이 금방 내게 쏟아져 들어오는 듯 했다. 그리고 고향에 두고 온 식구들이 떠오르기도 했다.

편지를 쓰려고 해도 읽기만 간신히 익히고 왔기

때문에 글을 쓸 엄두를 내지 못했다. 푸른 하늘을 바라보며 마음 속으로 편지를 수 없이 썼다.

"엄마! 오빠들! 나 옥히 잘 살고 있어요. 걱정하지 마세요! 꼭 성공 할 거예요." 내가 푸른 하늘에 편지를 쓰면 하늘에 떠가는 구름들이 고향에 소식을 전해 줄 것이란 상상을 하면 마음이 편안해졌다.

토요일 오후에는 시동생과 시누이랑 계곡으로 가서 웅덩이 한가운데까지 뻗어있는 나무 가지 위에 올라 물속으로 다이빙하며 놀았다. 너무 재미있어 시간 가는 줄 몰랐다.

외롭고 짜증나는 일이 있다가도 나무에 올라 물속으로 다이빙하여 들어가면 모든 것이 다 달아나는 것 같았다.

소를 기르며 젖을 짜고 계곡 물에 물놀이를 하던 그 때의 생활이 나를 건강한 미국인으로 살아 갈 수 있도록 키워준 시기가 아닐까 생각된다.

시집식구들과 늘 대화하고, 학교에 다니니 영어가 금방 늘었다. 매주 수, 목, 일요일 사흘은 교회에서 성경공부도 했다. 어머니날(Mother's Day)이었다. 목사의 설교를 듣고 어머니가 보고 싶어 나도 모르게 눈물을 흘리자 전 교인이 함께 나를 위로해 준 감동

적인 순간도 있었다.

　남의집살이로 집을 떠나 살 때는 아무리 잘 해주어도 어머니가 그리워 쌀을 훔쳐 차비를 해 엄마 곁으로 갔는데 이제는 내 스스로 미국으로 왔으니 엄마를 원망 할 입장은 아니었다.

　이제 성인이 되어 엄마 곁을 떠났지만 엄마에 대한 그리움과 동기간의 그리움이 뼛속까지 파고들었다. 아무리 나이를 먹고 세속적인 성공을 한다 하여도 어머니의 그리움은 지워지지 않을 것이다.

　토요일마다 도회지에 장을 보러 갔다. 작은 도시였는데 지방정부청사인 코트하우스를 중심으로 상가가 형성돼 있었다. 시부모와 함께 갔는데 동양사람을 처음 보는 사람들이 많았다. 나는 늘 구경거리였고, 사람들은 모두 나를 한참동안 쳐다봤다. 또 앞 다퉈 내게 말을 붙여 왔다. 여자들은 내 피부를 만지며 너무 곱다고 칭찬했다.

　인종차별은 느낄 수가 없었고 오히려 동양인을 처음 보는 사람들이 많아 호기심을 가지고 친절하게 대해 주었다. 한국에서 서양 사람을 만나면 호기심 어린 눈으로 자주 시선을 주듯이 이곳에선 미국인들이 나를 힐끔 거리며 보았다.

남편의 귀국

　세월을 유수와 같다고 하기도 하고 시위를 떠난 화살에 비유해 말하기도 하지만 정말 세월은 빨랐다. 남편이 편지를 자주 하는 편은 아니지만 간혹 잊을만 하다 싶으면 하곤 했는데 벌써 1년이 다 되어 귀국한 다는 편지를 했다.
　신혼살림을 시작해 놓고 혼자 한국으로 가버린 남편이 야속하기도 했지만 직장이 없이 빈둥대느니 군인이 다시 되어 한국을 가겠다는 것을 억지로 막을 수도 없는 일이었다.
　어쩌면 자신이 할 수 있는 일이 그 길 밖에 없고 앞으로 살아가는데도 별 뾰죽한 수가 없는 답답하고 힘든 인생이라는 것을 말해주고 있는 일이기도 했었다.
　어쨌든 남편의 귀국은 혼자 지내던 내게 다시 활력을 주고 다시 신혼의 기분을 되찾게 해주었다. 남편이 귀국하여 테네시로 온지 얼마 되지 않아 우리는 함께 버지니아 피터스버그로 옮겼다.
　남편이 미국에 없다는 사실이 나를 항상 허전하게 했고 나 혼자라는 외로움에 떨다가 남편이 돌아오자 그런 생각들이 없어지고 남편과 함께라면 어디를 가더라도 마음이 든든했다.

아주 섬세한 것들까지 자유자제로 의사소통이 되는 것은 아니지만 부부가 되어 사는 기간이 길어질수록 눈빛만 봐도 무엇을 말하는지 알게 되었다.

동부로 이주

동부로 옮겨온 후 다시 공부를 하고 싶어 학교에 입학 했다. 바느질(봉제) 공장을 다니면서 학교 수업을 시작했다. 내 마음 안에는 공부 밖에 없었다. 난 한번 마음먹으면 쭉 밀고 나가 끝을 보는 성격이어서 오로지 공부에 몰두했다.

초등학교 6학년으로 들어갔는데 기하(geometry)가 너무 어려워 따라갈 수가 없었다. 기하를 가까스로 터득해나가고 있던 중 1965년 메릴랜드 포트 미드로 다시 이사했다. 포트 미드는 군부대 타운으로 볼티모어와 워싱턴 DC 사이에 위치해 있다. 군부대 내 게스트하우스에 임시로 기거하다 인근 오덴톤에 아파트를 얻었다.

우연히 동네 은행에 갔다 한국에서 알던 군인을

만났는데 그 부인이 한인이었다. 그녀는 포트 미드 군부대내 오피스 클럽에 나를 취직시켜줬다. 식당 웨이트리스로 장교들을 상대했는데 규칙이 굉장히 엄했다. 테이블 매너 등을 일일이 배워야 했다. 매니저인 미스터 라서는 포크와 접시 놓는 위치, 메너 등을 아주 엄하게 가르쳤다.

식탁에 물건을 놓을 때는 소리 나지 않게 놓아야 하고 놓는 자세는 친절한 동작으로 하되 절도 있게 하도록 했다.

힘은 들었지만 열심히 하다 보니 일을 잘한다는 평가를 받아 장성들을 전문적으로 접대하는 위치로 옮겨졌다. 6개월을 일하니 너무 힘들어 더 할 수 없었다. 무거운 접시를 잔뜩 들고 쉴 새 없이 움직여야 했다. 체격과 힘이 미국 여성에게 달려 그들처럼 일한다는 것이 버거웠다.

공장이나 노동현장에서 일하는 것에 지지 않을 만큼 노동량도 많고 강도도 더 셌다. 여자들이 하는 일이라 힘이 덜 들고 좀 편하지 않을까 생각했다가는 판단착오다. 이런 일을 하면서 미국 사람들이 그렇게 쉽게 살지 않는다는 것을 알게 됐고 따라서 미국 살이의 어려움을 알게 되었다.

학교에 가면 수업시간에 졸기 일쑤였고, 숙제도 공부도 제대로 할 수 없었다.

책상 앞에 앉으면 피로가 몰려들어 몸이 녹아내리는 것 같았다. 몸이 노곤해지며 눈이 감기고 앞에서 강의하는 선생님께 예의가 아니라는 것을 알면서도 졸음을 이겨낼 수 없었다.

학교에 올 때는 공부를 한다는 일념으로 피곤한 몸을 이끌고 왔지만 생리적인 현상은 이겨낼 수가 없었다. 눈꺼풀을 강제로 밀어 올려 봐도 졸음이 쏟아졌다.

학교에 오면 피곤해 공부도 안 되는 일인데다가 장교들이 너무 인색해 팁이 6센트에 불과했다. 결국 매니저에게 캐쉬어(cashier)로 옮겨줄 것을 요구했다. 캐쉬어는 근무 시간이 오전 6시-오후 3시여서 야간학교를 다니는 것이 더 수월할 것 같았다.

이즈음 포트 미드 남쪽 로럴 지역의 아파트로 이사했다. 남편도 군대를 그만두고 세차업소의 매니저로 근무했다.

제3장

새로운 출발

이혼과 홀로 서기

이른 새벽, 아직 동이 트지 않은 컴컴한 밤의 잔해를 뚫고 차를 몰고 출근할 때면 계속해서 한숨이 나왔다. 행복하지 않았다. 게다가 남편은 밤에 학교 가는 것을 못마땅해 했다.

남편은 저녁에 귀가했을 때 아내가 차려주는 식사를 하고 휴식하기를 원했다. 그리고 나를 자기 품안에 안고 있기를 좋아 했다.

그의 방식대로 나에게 애정표현을 하곤 했지만 갈등은 날이 갈수록 커졌고, 나는 남편을 사랑하지 않는다는 것을 알게 되었다. 내가 먼저 이혼을 요구했다. 남편은 놀라고 당황하며 완강히 거부했으나 결국 승낙했다. 그는 나의 결심을 꺾을 수 없다고 판단했다.

"후회하지 않을 수 있어?" "너무 쉽게 생각한 거 아니야?" 하면서 나의 결심을 꺾어보려 했지만 나는 이미 오랫동안 생각했기 때문에 흔들리지 않았다.

군인들과 결혼한 다른 여성들에 비하면 그래도 괜찮은 편에 속하는 남자였다. 집안도 그만하면 화목한 집안이고 남편역시 나를 사랑하고 있었다. 야망이나 꿈이 없다는 것이 나를 답답하게 했지만 평범한 한 남자로서는 흠 잡을 데 없는 남자였다.

　이혼을 한다는 것이 그리 쉬운 일이 아니기 때문에 많은 시간을 심사숙고 했다. 더군다나 미국에 일가 친척 하나 없는 내 입장에선 이혼을 하면 완전히 홀로서기가 되는 것이었다.

　남편이 귀가하면 준비해둔 음식을 함께 먹으며 남편과 오붓하게 살아가는 평범한 여성의 삶은 내게 답답한 것이었다. 남편이 나를 여자로서 사랑을 하지 않는 것이 아니라 더 고민의 시간이 길었다.

　미국에서는 이혼할 때 변호사가 필요하다. 내 변호사는 남편으로부터 위자료를 받을 것을 권했으나 나는 필요 없다고 거절하고 결혼반지까지 남편에게 돌려줬다. 이혼을 작정한 것이 돈 때문이 아니었고, 남편의 잘못만이 아니었기 때문이다. 나는 새로운 도전과 생활을 원했다.

　이혼 후 혼자 로럴에 아파트를 얻어 생활했다. 막상 아파트에 혼자되어 살아보니 외로웠고 피곤이 더 쌓이는 것 같았다. 매사에 의욕도 떨어지고 무력감에 빠졌다. 마침 옆에 나이 많은 미국 여인이 혼자 살고 있었는데 그녀는 나의 외로움과 우울한 기분을 달래

주기 위해 춤추는 곳을 많이 데리고 갔다.

　춤을 추러 가면 남성들이 나에게만 춤을 추자는 신청이 많이 들어와 미국여성은 다음엔 나를 데리고 오지 않겠다고 농을 하기도 했다.

　직장은 계속 다니며, 볼티모어 동부에 있는 이스턴 고교에서 주 5일 야간강좌를 들었다.

　하루는 학교에 가는데 볼티모어시에 진입하자마자 차에서 연기가 났다. 간신히 차를 몰고 학교에 도착했으나 너무나 긴장해 차를 운전한 탓인지 맥이 다 빠져 공부 할 기력이 없었다. 차가 오래됐기 때문에 문제가 생긴 듯 했다. 섰다 가다 하면서 겨우 학교에 다녀오니 자정이 되었고 더 이상은 차를 계속 끌고 다닐 수 없다는 생각이 들었다.

　학비는 학교에서 보조를 받는다고 하지만 여자가 혼자서 돈 벌어가며 학교 공부를 한다는 것은 그리 쉬운 일이 아니었다. 학교 공부만 따라가기도 바쁜데 먹고 살기 위해 돈을 벌어야 하는 입장에서 좋은 차를 타고 다닌다는 것은 꿈도 못 꿀 일이었다.

　좋은 차는 아닐지라도 이제는 별 수 없이 다른 차를 사야지만 활동을 할 수 있는 처지여서 차를 사러 다녔는데 돈이 부족했다. 폭스바겐을 사고 싶었으나 계약금(down payment)을 낼 돈이 없었다. 월 페이먼트는 한 달에 18달러였다. 친했던 장교 친구에게 돈을 좀 꿔달라고 부탁해 200-300 달러가량을 빌렸다. 빌린 돈은 매달 나눠 갚아나갔다. 그 친구가 제대해 버지니아에 사는 동안에도 매달 꼬박꼬박 돈을 보내 빌린 돈을 다 갚았다.

　돈을 마련한 나는 집에서 1시간가량 떨어진 버지니아 스프링필드까지 가서 차를 구입했다. 토요일이 크리스마스였는데 딜러에 가서 차를 사게 해달라고 간청했다.

　겨우 수동기어 차를 살 수 있었는데 기어 차를 모는 것은 처음이었다. 기어 작동을 제대로 못해 오르막길이면 시동이 꺼져 로럴 경마장 근처의 집에 도착하니 밤 12시였다.

　하지만 잘 수 없었다. 당장 다음 날부터 차를 몰고 다녀야 하기 때문에 자지 않고 혼자서 밤늦게까지 운전 연습을 했다.

　잠을 자는 둥 마는 둥 하고 새벽에 힘겹게 일어나 출근하려는데 자동차 자물쇠가 얼어 문이 열리지 않았다. 어떻게 해야 할지 몰라 당황하다가 뜨거운 물을 부어보자는 생각이 떠올라 물을 떠다 부었더니 문이 열렸다.

 궁하면 통한다더니 그 순간에 뜨거운 물을 생각해 낸 것이 스스로 대단한 발견이나 한 것 같았다.

 직장에서 한 장교를 알게 됐는데, 그는 한국전 참전 군인이었다. 첫사랑을 찾기 위해 한국에 나간다고 했다. 한국에 간다는 말을 듣자 고향이 그리워지고 부모 형제가 보고 싶어졌다.

 편지 한 장 전하지 못하고 지내는 답답한 심정을 억누르며 살아가는 외국생활이 삭막하기만 했다. 내가 왜 부모형제를 떠나 이렇게 남의 나라에서 외롭게 살아야 하나 하는 생각이 순간순간 떠오르는 것을 막을 수 없었다.

 첫 사랑의 여자를 찾아 남의 나라를 간다는 그의 뜨거운 사랑에 감동되기도 했고 그 정열이 부럽기도 했다.

 미국 남편을 따라 훌쩍 떠나온 고국이 사무치게 그리워도 가지 못하는 신세가 처량하게 느껴지기도 했다. 그는 하노버에 트레일러 집을 갖고 있었는데 땅값만 내고 살게 해줬다. 하지만 그 당시 시간당 1.25달러의 저임금을 받았던 나는 부담을 덜기 위해 같은 또래인 미국인 여성을 룸메이트로 들였다.

저임금으로 생활이 계속 쪼들리자 글렌버니 주 차량국(MVA) 맞은편에 있는 모텔 할리데이 인에 새 직장을 얻었다. 시간당 1.50달러를 받았다. 오피스 클럽은 그만뒀으나 학교는 계속 다녔다.

할리데이 인에 근무할 때 한인이 처음으로 방문했다. 너무나 반가웠다, 마치 피붙이를 만나듯 든든한 마음까지 들었다. 그때만 해도 한국인이 귀할 때라서 한국인을 만나면 남 같지 않고 동기간 같은 기분이 들 때였다.

그는 색동베개를 들고 다녀 쉽게 눈에 띠었다. 그는 오덴톤에 있는 파워콘이란 발전기기 제조회사에 취업하러온 첫 이민자였다.

권씨인 그는 나중에 트레일러 집을 구해 생활했다. 그는 나중에 한국 사람을 많이 데려와서 파워콘에 취직시켰다. 이로 인해 파워콘에는 한국 사람이 많게 됐으며, 한인 직원회까지 만들어졌다. 한인 직원회는 지금도 잘 운영되고 있어 철마다 친목 행사를 갖고 있다.

수입을 더 늘리기 위해 주말인 토, 일요일에 295번 고속도로와 32번 도로가 만나는 곳 근처인 로럴의 '콜로니 7' 모텔에서 추가로 일했다. 데이트를 하려

해도 다른 사람을 만날 시간이 없었다. 늘 혼자였고 외로웠다. 몸이 피곤할수록 외로움이 더 깊었다.

삶이 고달파도 누구에게 하소연 할 사람이 없다는 것이 더 나를 외로움에 떨게 했다. 겉으로는 강한 척 했지만 마음은 항상 그 무엇인가를 갈구 하고 있었다. 어떤 날은 하염없이 운적도 있다. 한국에 편지를 쓰고 싶어도 쓸 수가 없어 더 답답하고 우울했다. 이때가 심적으로 가장 어려웠던 때였다.

고교 때는 물론 나중에 앤아룬델 카운티 커뮤니티 칼리지나 메릴랜드대에 다닐 때 늘 친구도 없이 공부만 했다. 급우들은 공부벌레라며 나를 따돌리기도 했다.

몇 달을 할리데이 인에서 일하며 매니저 몫까지 다했지만 월급을 올려주지 않아 BWI공항 인근 현재의 쉐라톤호텔 자리에 있던 인터내셔널 호텔로 직장을 옮겼다.

이 당시는 볼티모어에 한인들이 많지 않았다. 따라서 한국음식을 먹으려 해도 한국식당이 없었고 재료를 사서 만들어 먹으려 해도 한식 재료를 구할 수 없었다.

한국을 떠난 지 몇 해가 지나자 한국음식을 먹고

싶어 견딜 수가 없었다. 볼티모어 다운타운 파크 애비뉴에 중국인 밀집지역이 있었다. 그 곳의 중국식품점에서 통조림 김치를 판다는 말을 지인에게 듣고 단숨에 가서 2개를 사와 보물이라도 다루듯 김치 뚜껑을 열었다.

뚜껑을 열자 그동안 맡아보지 못했던 김치냄새가 코를 통해 폐부 깊숙이 파고들며 알 수 없는 기분에 휩싸이게 했다. 타향을 떠돌다가 고향에 돌아온 것처럼 마음을 포근하게 해주는 것 같았다.

아는 사람을 만난들 이만큼 반가우며 포근한 감정을 줄 수 있을까 싶었다. 체내에서 잠재하고 있던 먹고 싶은 욕구가 폭발해 앉은 자리에서 2통을 단숨에 다 먹어버렸다.

김치가 단순한 김치가 아니라 고향을 그리던 마음도 달래주는 듯했고 보고 싶은 사람을 만난 듯이 외로움까지 달래주었다.

룸메이트와의 갈등도 있었다. 그녀는 담배를 너무 많이 피우고 지저분해서 결국 내보냈다.

인터내셔널 호텔로 권씨 등 한인 3명이 찾아오곤 했는데 잊어버린 한글을 배우고 싶었다. 한글을 배우면 고향에 편지를 할 수 있을 텐데 하는 생각이 들었다. 그래서 권씨에게 한글을 가르쳐달라고 부탁해 그가 일주일에 3-4차례 와서 가르쳐 줬다. 권씨가 너무 고마워서 김치라도 만들어 주고 싶었지만 담글 줄을 몰랐다. 권씨의 고마움에 답례를 하지 못한 것이 지금까지 마음에 걸린다. 부인을 포함한 권씨의 가족이 모두 미국에 오면서 한글 공부는 끝이 났다.

즐거워지는 미국 생활

이즈음 미국인 여자친구들이 생겨 함께 놀러 다녔다. 클럽에 가면 미국 남성들이 쉴 새 없이 춤을 신청해 자리에 앉을 수가 없었다.

특히 내게 신청이 몰려 친구들이 질투를 많이 했다. 남편과 한국에 살 때 가끔 클럽에 가 춤을 추며 어깨 너머로 배운 춤이지만 남성들에게 인기 만점이었다.

혼자 일하고 공부하는 것이 전부였던 생활에서 노는 재미에 빠져들기 시작하자 시간가는 줄 몰랐다. 우리는 대게 새벽 세시까지 놀았다. 클럽에 춤추러 다니는 동안 한 남성이 춤을 신청해 같이 췄는데 잘 맞았다. 이 남성과는 두어 번 데이트를 했으나 지속되지는 않았다.

　호텔 동료들은 무척 친절했다. 아침에 출근하면 매니저들이 A1 스테이크소스와 타바스코 소스를 넣어 술 깨는 술을 만들어 주곤 했다. 그리고 사장이 미국 여성이었는데 매니저 일까지 보라고 해 호텔 방에서 자며 매니저 일을 겸했다.

　그러나 학교 공부를 하는데 시간이 모자라 3개월쯤 하다가 매니저 일을 포기하고 말았다.

　그만큼 그 당시는 내게 공부가 제일이었다. 공부를 할 수 없다면 그 어떤 것도 받아들일 수 없었다.

　친구들과 어울리면서 미국생활이 서서히 재미 있어졌다. 남자들도 많이 따랐다. 하지만 손님들과는 절대 데이트를 하지 않는다는 원칙을 세웠고, 실천했다. 봉급도 시간당 1.75달러로 인상됐다.

　현 남편을 만난 것은 1967년경이었다. 웨스팅하우스회사 엔지니어였던 그는 전투기 밑에 레이저 카메라를 장착하는 설계를 했다. 월남에 근무하던 그는 귀국해 볼티모어-워싱턴 국제공항(BWI) 앞 본사에 근무하는 동안 우리 호텔에 묵고 있었다.

　그는 내게 데이트를 신청했고, 나는 스스로의 원칙에 따라 거절했다. 그러자 그는 글렌버니에 아파트를 얻으면 전화가 가능하냐고 물었다. 내가 손님이 아니면 관계없다고 하자 바로 아파트를 얻겠다고 했다. 그리고 하루가 지난 오후 전화벨이 울렸다.

"여보세요!"

"나 이제 그곳 손님이 아닙니다."

"........."

"약속 지킬 거지요?"

"물론 이지요"

이렇게 해서 우리는 데이트를 하기 시작했다.

이즈음 나를 쫓아다니는 남성이 2명 더 있었다. 치과의사와 군 장교였는데 왠지 둘 다 마음이 내키지 않았다. 치과의사의 경우 내게 반지까지 줬지만 마음이 끌리지 않았다.

하지만 남편은 첫 데이트부터 너무 재미있었다. 동양인에 대한 차별을 찾을 수가 없었다. 나는 데이트 내내 웃었다. "바로 이 사람"이라는 생각이 강하게 왔다. 요즘말로 하자면 필이 꽂혔다.

그는 이혼남이었는데 5년 전 이혼한 부인과의 사이에 아들 둘이 있다는 사실을 밝혔다. 그는 일본에 근무할 당시 마누라가 바람을 피워 이혼을 했다고 했다. 애들은 전처가 키우고 있으며 그가 애들이 대학을 졸업할 때까지 학비를 부담해야하는 상태였다. 데이트를 몇 번 한 다음 결혼을 결심했다.

결혼을 해야겠다고 결심할 정도의 남자를 만나자 다시 한 번 청춘 시절이 찾아온 듯 행복한 마음을 가질 수 있었고 세상의 사물들이 더 사랑스럽게 보였다.

사랑의 힘은 그 어떤 것보다 강하다는 것을 느낄 수 있었다. 사랑이 없는 삶을 산다는 것이 얼마나 삭막하고 황량한가를 알게 해주었다.

결혼을 하고 싶은 사람이어서 집으로 저녁식사 초대를 몇 번했는데 스테이크와 샐러드를 대접했다. 다른 것은 할 줄을 몰라 매번 같은 음식을 대접했다. 처음에는 "맛있다" 던 그도 같은 음식이 계속 반복되자 넌지시 요리책을 사다줬다.

재혼

그와 사귈 때는 결혼 전까지 같이 잠을 자는 것을 거부했다. 그래서 데이트할 때 실랑이가 많았다.

나는 결혼하고 싶었지만 그는 "다시 결혼하고 싶지 않다"며 미적미적 댔다. 참다못해 나는 "결혼 상대를 찾고 있다"며, 사랑하는 사람과 결혼하고 싶다"고

통보했다. 또 "다른 사람과 데이트 하고 있다"고 고백하기도 했다.

그러자 그도 마음이 좀 움직였는지 나를 뉴욕 위쪽에 있는 커네티컷주의 집으로 초대했다. 그이 집으로 함께 가는 길은 가슴이 울렁거렸고 기분이 들뜨기도 했다.

처음 남편은 실연의 아픔 때문에 정신없이 한 결혼이었지만 이제 나이도 어느 정도 먹었고 세상 경험도 있어서 사람을 제대로 만났다는 생각에 마음 속 깊은 곳에서 행복해질 수 있다는 자신감이 끓어오르고 있었다. 그의 집에 도착해보니 할머니와 부모님이 다 계셨다.

식사 후 기술자였던 그의 아버님이 설거지를 했다. 한국 관습이 남아있던 나는 가만히 앉아있을 수 없어 설거지를 자청했다. 그런데 식기세척기에 실수로 빨래 비누 가루를 넣고 돌려, 온 부엌에 거품이 넘쳐 흘렀다. 망신스러워 고개를 들 수가 없었다. 서둘러 돌아온 나는 그의 부모님께 퇴짜를 맞을 게 분명해 너무 낙심이 컸다.

그러나 예상과 달리 그는 내게 정식으로 프로포즈를 했다. 주말에 오션시티로 함께 놀러가기로 했는데 그 전날 그는 결혼하자고 말했다. 나는 "생각 많이 해봤냐"고 물었고, 그는 "그렇다"고 대답했다.

결혼의 기쁨에 들뜬 나는 오션시티에 가서 노는 것보다 결혼에 관해 많이 얘기하고 싶었다. 그러나 그는 결혼에 관해 한마디도 꺼내지 않아 나를 의아하게 만들었다. 급기야 그는 하루만에 "내 마음이 아직 결정 안됐다"며 "결혼을 안 했으면 좋겠다"고 한 발 뒤로 물러섰다.

이제 마음에 드는 사람을 만나 새로운 인생을 시작 할 수 있다는 희망을 가졌는데 결혼을 안 하겠다고 나오니 모든 희망이 깨져나가는 듯 했다.

첫 사랑에 실패하고 자살을 시도했던 옛날이 떠오르며 우울해졌다. 내게는 사랑의 여신이 등을 돌리고 있는 것일까. 한 남자를 만나 한 여성으로서 행복한 삶을 산다는 것이 이렇게 힘든 일일까?

운명의 신이 너무 가혹하다는 생각이 들고 팔자타령까지 났지만 어떻게 할 도리가 없었다. "남자가 한 번 결정했으면 그대로 실행하는 것이지 하루 만에 변덕이 나다니" 원망하는 마음도 들고 남자로서 신뢰도도 떨어졌지만 그를 향하는 마음을 어떻게 할 수 없었다.

근무를 하는 중에도 전화벨이 울리면 그의 전화인가 하고 받았다가 다른 전화이면 실망이 되면서 그의 전화를 기다렸지만 그의 전화는 좀처럼 오지 않았다.

결혼하겠다는 마음을 그렇게 쉽게 접을 수 있는 사람을 믿고 결혼했다가 또 무슨 봉변을 당할지 모른다는 생각이 마음 한편에 들면서도 나는 무의식중에도 그의 전화를 기다리고 있었다.

그런 변덕쟁이는 잊어버리는 게 낫지… 잊어버리자 해놓고도 또 그의 모습이 떠오르면 견딜 수가 없었다.

내 마음을 애태우던 그는 결국 수개월 뒤 다시 "결혼 하자"고 재차 프로포즈했다.

그는 내게 "가짜 큰 반지를 원하느냐 아니면 진짜인 작은 반지를 원하느냐"고 물었다. 내가 작을지라도 진짜를 원한다고 하자 600달러짜리 다이아몬드 반지를 선물했다.

그는 다시 내게 물었다. "결혼식을 크게 할까 아니면 허니문을 좋은 데로 갈까?" 나는 환상적인 허니문을 택했다.

아는 사람이 별로 없어 1969년 10월 17일 애나폴리스의 법원에서 단 둘이 판사 앞에서 손들고 선서

하는 것으로 결혼식을 대신하고 푸에르토리코로 신혼여행을 떠났다.

하객이 아무도 없는 결혼식은 정말 속된 표현으로 썰렁했다. 아무도 축하 해주는 사람이 없는 결혼식, 어쩌면 두 사람만의 영혼이 순수하게 결합될 수 있는 결혼식이었는지도 모른다. 우리는 축하객이 없다는 것에 조금도 위축되거나 쓸쓸한 감정이 없었다.

축하객이 한 사람도 없기에 오히려 우리 두 사람만의 결속력이 더 강화되고 믿음이 더 커질 수 있었다고 생각된다.

결혼과 함께 이름을 바꿨다. 영어 이름은 릴리(Lily)로 하고, 한글 이름은 남편 성을 따서 혜일(惠日)로 했다. 내 이름 '옥희'의 퍼스트 네임(first name)이 옥(Ok)이어서 미국인들이 오케이(O. K.)라고 종종 불렀는데 마치 놀리는 것 같아서 싫었다.

결혼 후에도 학교는 계속 다녔다. 공부는 여전이 힘들었지만 재미있었다. 하나하나 과정을 마칠 때 마다 느끼는 성취감은 내 공부의 원동력이었다. 공부를 하면서 나는 내 꿈을 향해 나아간다는 자신감과 만족감을 가질 수 있었고, 희망을 유지할 수 있었다.

드디어 미국의 고교졸업검정시험인 GED에 합격

해 앤아룬델 카운티 커뮤니티칼리지로 진학했다. 2년 간 다녀 준 학사 학위를 땄으며, 메릴랜드 주립대 칼리지파크 캠퍼스(UMCP)로 편입해 회계학을 전공했다.

공부 갈증

혼자 살 때 사람이 그리웠다. 누구와 대화할 사람도 없었고 시간이 없었다. 일하고 학교 다니는 것이 전부였다. 울기도 많이 울었다.

겉으로 봐서는 외로움을 극복하고 내 하고자 하는 일을 헤쳐 나가는 강한 여성으로 보였을지 몰라도 내 면에는 항상 외로움과 나약한 마음이 나를 엄습하곤 했다.

이 당시 메릴랜드의 체비 체이스에 거주하는 미국인을 알았다. 그는 내게 가정부 일을 제의하며, 대신 학교에 보내주겠다고 했다. 공부가 너무 하고 싶어 그의 제안을 수락하고 그 집으로 들어갔다. 그러나 시간이 지나도 학교에 보내주지 않고 집안 일만 시켰다. 보수도 없이 숙식만 제공했다. 결국 한 달 정도 있다 나왔다.

그 때는 공부가 그토록 하고 싶었다. 공부만 할 수 있으면 어떤 일이든 다 할 수 있었다. 왜 그리 공부가 하고 싶었을까. 이유는 두 가지였다. 첫째는 자라면서 제대로 배우지 못한데서 오는 학업에 대한 갈증이었다. 많이 배워 이 갈증을 채우고 싶었다. 그렇기에 무학에 영어도 제대로 못하면서 미국에 왔지만 한 단계 한 단계 정규 교육과정을 밟아나갈 수 있었다. 모르면 배우면 됐다. 이해 못하면 보고 또 보며 공부하면 됐다.

공부는 누구나 할 수 있는 것이며, 노력한 만큼 결과를 가져다주는 정직하고 공평한 수단이었다. 남보다 능력이 떨어지면 더 많은 노력을 쏟으면 되고, 이해가 되지 않으면 언제든지 주위의 도움을 받을 수도 있다. 세상살이에서 공부만큼 노력에 대해 보답하는 건 없었다.

공부를 하다가 중도에 포기하는 경우도 있는데 인생에서 포기의 댓가만큼 큰 것은 없을 것이다. 그것은 바로 실패를 보증하는 것이기 때문이다. 중도에 포기하는 것은 희망을 버리고 절망의 구렁텅이로 들어가는 지름길이다.

학교에서 배우는 공부이든 생활 현장에서 배우는

기술이든 목표 지점까지 가는 동안 포기를 하면 성공은 없다. 그리고 한 번 시작했다면 최선을 다해서 성실하게 그 길을 가야만 한다.

내 인생을 뒤돌아보면 이제 인생을 시작하는 학생들에게 꼭 해주고 싶은 말은 절대 중도에 포기 하지 말라는 말을 해주고 싶다. 고진감래라는 말은 고생 끝에 낙이 온다는 말로 고생 끝에 맛보는 인생의 성취감을 말하는 것이다.

누구나 하면 할 수 있는 것이 인생살이고 인생은 자기 마음먹은 대로 된다는 것이 성공한 인생 선배들의 경험담이다.

두 번째는 공부 외에는 달리 의지할 게 없었다. 공부는 가진 것 없는 내게 인생의 장래를 확실하게 보장하는 유일한 도구라는 확신이 있었다. 공부를 하지 않을 경우 내 앞날은 없고, 모든 꿈은 포기해야 했다. 게다가 일가친척 한명 없는 내게 공부는 친구였다. 공부를 하는 동안 이국 생활의 외로움을 잊었고, 생활의 시름도 다 묻혔다. 공부는 취미였고 안식처였다. 미친 듯이 공부하며 내가 꿈꾸는 미래로 한 걸음 한 걸음 나아갔다.

드디어 졸업

　일가친척 하나 없는 남의나라에 무학의 상태로 와서 대학을 졸업한다는 것은 꿈같은 일일 것이다. 내가 생각해봐도 내가 한 일들이 현실에서 가능한 일일까 할 정도로 믿어지지 않았다.
　제 조국에서 학교 문 앞에도 가보지 못한 채 수학의 적령기를 놓치고 나이를 먹어 남의 나라에 와 대학을 졸업 했다면 누가 믿을 것인가.
　한국에서 공부를 할 만큼 하고 영어를 준비하고 와도 진도를 따라가지 못해 고생을 하는데 전혀 기초 실력도 없이 미국의 대학을 졸업 한다는 것은 그리 쉬운 일도 아니고 사람들이 믿지도 않을 것이다.
　대학을 졸업하는 날 나는 학교 앞에 있는 호수에 가 남몰래 기쁨의 눈물을 흘렸다. 학사 옷을 입고, 학사모를 쓰고 사진을 찍는 졸업식 대신 홀로 평소에 외로울 때면 찾던 학교에서 가까운 아트메시아 호숫가를 걸으며 새로운 세계에 대한 꿈을 그려 보았다.

　항상 귀에 꽂고 다니던 녹음기의 이어폰과도 이별의 순간이 왔다. 길을 걸을 때나 운전을 할 때도 항상 나의 귀에는 교수님들의 강의 내용을 다시 듣는 녹음기 이어폰이 꽂혀 있었다.

공부에 중독된 사람처럼 항상 긴장한 얼굴로 이어폰을 꽂고 다니던 나는 학교에서 친구하나도 사귈 여유가 없었다. 그만큼 학교 생활이 긴장의 연속이었다. 학교 생활의 낭만적인 기억이 하나도 없다는 것은 어찌 보면 내게 슬픈 일이기도 하다.

바짝 긴장해서 생활하던 학교를 졸업했으니 이제는 여유를 가져도 될까…여유를 가지는 생활을 할 수 있을까…

하늘을 나는 새들도 나에게 용기를 가지고 살아보라고 격려를 해주는 듯 했고 고요한 호수의 수면이 나를 편안한 안정감을 갖도록 해 주었다. 고요한 호수를 바라보면 내 안에서 "나는 무엇이든지 할 수 있다"는 자신감이 솟구쳐 올랐다.

그동안 학력이 없다고 받았던 수모는 끝이라는 생각을 하자 마음이 홀가분해지고 온 몸으로 시원한 바람이 통과해 가는 듯 했다. 별로 잘난 것도 없이, 사회를 위해서 별로 하는 일도 없이, 학벌만 자랑하며 잘난 척 하는 사람들에 대한 혐오감을 눌러 참았던 세월들도 호수 속으로 잠겼다.

공부를 했으면 공부 한 사람다운 행동을 해야 할 텐데 그런 면은 없고 괜히 사람 괄시나 하려는 사람들은 틀림없이 실력도 없으리란 생각도 들게 했다.

공자님 말씀에 세 사람이 길을 가면 그 중에 내게 가르침을 주는 스승이 있다고 했는데 학력만 갖고 잘난 척 하는 사람들은 내게 반면교사가 되어 배운 사람답게 행동해야 한다고 생각하게 했다.

첫째 겸손하고 나보다 배우지 못한 사람들을 존중하며 사회에 봉사하는 자세를 가지며 살겠다고 마음 속에 새겼다. 돈을 벌면 그동안 내게 도움을 줬던 사람들을 생각해 도움이 필요한 사람들에게 나도 도움을 주는 사람으로 살겠다고 다짐했다.

내가 다른 사람들에게 베풀면 그 사람들은 또 누군가에게 베풀고 이런 일들이 많으면 많을수록 우리가 사는 세상은 아름다운 세상이 되고 사람들이 살아가는 세상으로 누구나 한 번 살아볼만한 세상이 될 것이라고 생각했다.

첫 직장 생활

1973년 졸업 후 이곳저곳 직장을 알아보다가

15개의 점포를 가진 안경회사에 취직해 회계를 담당했다. 내가 잘 해낼 수 있을까 하는 염려도 있었지만 학교에서 배운 대로 열심히 했다.

부서의 책임자로 여직원 4명을 부하로 됐는데 린다와 애자 등 2명은 19세로 나이가 똑 같았다. 한 사람은 한국인이었고 한 사람은 미국인이었다. 첫 직장인데다 이런 사무실 분위기의 일에 익숙하지 않아 시행착오도 겪었지만 금방 분위기 파악을 하여 잘 해나갈 수 있었다.

미국서 자란 이들은 한인이 아닌 미국인이었다. 한인 젊은이가 하는 일이 자꾸 눈에 거슬려 야단을 쳤는데, 집에 돌아와서 밤에 곰곰이 생각해보니 미국 젊은이와 다를 바 없는 일을 한 것이었다. 내가 괜스레 한인이라 좀 더 관심을 갖고 지켜봤기에 생긴 일이었다. 이튿날 바로 그에게 사과를 하고 다시는 그런 일이 없도록 했다.

직장일이 끝나고 나면 전처럼 쫓기지 않고 여유를 가질 수 있었고 몸도 피곤하지 않아 새로운 인생을 사는 기분이었다. 역시 공부한 보람이 있었다. 그 어려운 역경을 이겨내고 공부한 보람이 있어 직장에서도 전문직으로 대우를 받고 부하 직원을 거느리니 전에 밑바닥 인생과 확연히 달랐다.
 세상이 더 넓게 보이고 나 자신이 무척 큰 사람으로 성숙한 기분이었다. 나이만 먹고 공부를 하지 않으면 정신적으로 성숙할 수 없다던 말이 실감되었다.
 안다는 것은 사회에 보배라고 한다더니 나 자신이 보배가 된 기분이었다. 하지만 인생 밑바닥을 살아 보았으니 이 보배를 어떻게 써야지만 가치 있게 쓰는 것일까 생각해보지 않을 수 없었다.
 당장 좋은 생각이 나지 않지만 분명 나에게 어떤 기회가 오리란 생각이 들었다. 나는 한 직장에서 오래 근무를 못했다. 인정을 받고 나면 일하기가 싫어졌다. 직장에 다니던 중 한 변호사의 일을 맡아 글렌버니의 아파트에 가져 와서 하기도 했다.

가족 초청

 회계사 일에도 어느 정도 자신이 생기고 직장이 안정되자 가족들 생각이 간절했다. 그동안 편지를 쓰고 싶어도 한글을 읽기만 익혔기 때문에 쓰는데 자신이 없었다. 그렇지만 이제는 편지를 해야 한다는 생각이 들었다.

그리고 가족들이 그립고 보고 싶어 견딜 수가 없었다. 직장이 안정되고 수입도 전에 보다 좋아져 가족들이 온다면 도움이 되어 줄 수 있다는 자신감도 들었다. 셋째 오빠에게 편지를 썼다. 망설이던 편지를 쓰려니 가슴이 울렁였고 눈물까지 맺혔다. 아마도 편지에는 나의 눈물 자욱이 남아 있었을 것이다.

한국에 처음으로 쓴 편지였다. 당시 오빠는 캐나다로 이민가려고 준비하던 참이라는 것을 오빠의 답장을 받아보고 알게 되었다. 한글 편지는 어려웠지만 캐나다를 갈 바에는 미국으로 오라고 권했다.

1970년 형제 초청으로 셋째 오빠가 이민을 왔다. 오빠와는 10년만의 만남이었다. 오빠와 함께 한 식탁에서 밥을 먹고 한 집에서 잠을 잔다는 것이 꿈만 같았다.

항상 이 세상에 홀로 떨어져 있는 외톨이 같았던 기분과 무슨 일이 일어나면 혼자 처리해야 한다는 긴장감 때문에 편안한 마음을 가질 수 없다가 오빠와 함께 하자 모든 긴장이 풀리고 편안해지는 기분을 맛볼 수 있었다.

그래서 모든 사람들이 피붙이를 그리워하며 함께 살려고 하는 것이 아닐까.

가족이 없다는 것은 너무나 가혹한 일이다. 말도 통하지 않고 친구도 없는 이국에서 오랫동안 혼자 살다가 오빠를 만나자 이산가족의 아픔을 알 것 같았다.

남편도 내가 가족을 만나 기뻐하고 좋아하는 것을 보고 자기 일처럼 기뻐하고 적극적으로 도왔다. 오빠는 우리 집에 머물면서 운전면허를 취득했고, 자동차 차체를 수리하는 바디샵(bodyshop)에 취업했다. 그 바디샵에서는 인종차별이 심했다. 오빠에게는 힘든 일만 시켰다. 오빠가 너무 힘들어 해 파워콘에 다니는 권씨에게 부탁해서 그곳에 취업시켰다.

권씨는 용접을 잘해 그 곳에서 인정받고 있었다. 권씨는 이 회사에 한인들을 30-35명가량 취업시켜줬다. 지금도 이 공장에는 많은 한인들이 근무하고 있다.

오빠는 이 공장 사람들에게 내가 한국에서 대학을 졸업했다고 부풀려 떠들고 다녔다. 하지만 오래 전부터 나를 알고 있는 권씨는 그것이 사실이 아니라는 것을 잘 알고 있었다. 권씨가 이 사실을 한 모임에서 말했고, 그 일이 내 귀에 들어왔다. 얼굴이 후끈 달아올라 견딜 수 없었다.

한국 같으면 거짓말을 거짓말로 들어주고 모르는

척하는 분위기가 있지만 미국에서는 거짓말을 가장 싫어하는 문화가 있어 나를 더욱 당황하게 만들었다. 오빠에게 제발 그러지 말라고 당부했다.

오빠네 식구들과는 말리 스테이션 샤핑몰 맞은편에 있던 아파트에서 함께 거주했다.

1972년에는 둘째 오빠도 이민왔다. 오덴톤의 공영 아파트를 얻고 한 공장에 취업했다. 가족들은 나중에 오빠 초청으로 왔다.

오빠들과 함께 생활하게 되니 10년 만에 혈육의 정을 느끼게 돼 즐거웠다. 오빠들의 생일이 되면 너무 신이 났다. 케이크 대신 시루떡을 빚었다. 찹쌀을 빚어 만들었고, 팥을 따로 삶아 얹었다.

메릴랜드의 명물인 게(blue crab)도 잔뜩 사다 먹었다. 오빠들이 곁에 있으니 참으로 든든했다.

1974년 현재 살고 있는 엘리콧시티의 집을 지어 이사했다. 집을 허황되게 크게 짓기보다 실용적이고 아늑한 분위기가 나도록 지었다. 주변에는 숲으로 우거지고 넓은 잔디밭은 아침저녁 산책하기 좋도록 가꾸기로 했다.

내 집을 갖는다는 것이 이렇게 흐뭇하고 뿌듯할 수가 없었다.

이사 후 여동생네를 초청했다. 여동생은 자녀가 2명이었다. 남편이 제부의 운전면허 취득과 취업을 도와줬다.

큰 오빠는 나이 차가 많이 나서 늘 접근하기가 어려웠다. 보통 키인 둘째 오빠는 외모가 괜찮아 밤낮 놀러 다녔다. 넷째 오빠는 폐암으로 첫 부인과 사별했으며, 오빠도 과음으로 인한 간암 때문에 1960년대 후반 사망했다.

넷째 오빠가 사망하자 사별한 전처 소생인 남매는 졸지에 고아가 됐다. 한국에서 큰 오빠가 입양을 권유했다. 남편의 승낙을 얻어 1983년 홀트회를 통해 입양했다.

1984년 큰 오빠네가 초청이민으로 왔다. 큰 오빠네 식구는 7명이었다. 우리 부부와 입양한 조카들, 큰 오빠네 식구 등 모두 11명이 한집에서 북적됐다. 정신이 하나도 없었다. 이 당시 과속 티켓을 숱하게 받을 만큼 정신없는 생활을 했다.

큰 오빠네는 콜럼비아에 아파트를 얻어 나갔고, 직장에도 취업했다. 하지만 얼마 되지 않아 큰 오빠는 간암으로 별세했다. 미국에 온지 1년도 채 되지 않을 때였다.

큰 오빠는 아버지와 같은 존재였는데 그렇게 쉽게 가버리니 허망했다. 너무 일찍 아버지를 여의고 고아나 다름없는 고생을 하며 살았는데 오빠마저 가버리니 하늘이 무너지는 것 같았다.

큰 오빠에게 인생을 살면서 별로 도움을 받은 것은 없지만 살아 있다는 것만으로도 큰 위안이었고 든든했는데 그 의지처가 사라져 버린 것이었다. 외롭고 쓸쓸할 때면 하늘을 바라보며 많은 위안을 받았는데 이제 오빠가 이 세상에 안 계신다는 사실 때문에 하늘마저 공허하게만 느껴졌다.

20년만의 모국 방문

1981년 20년 만에 처음으로 한국을 방문했다. 20년 만의 모국 방문은 가슴을 들뜨게 했다. 그동안 얼마나 가고 싶었던 고국이었던가.

잠시라도 가서 바람만 쏘이고 와도 숨통이 트일 것 같았던 모국에 대한 그리움이었다. 고국이 나를 위해서 해준 것은 없지만 대한민국 사람이라는 사실을 잊을 수 없었고 물맛과 음식맛 모든 것이 그리웠다. 그리고 어린 시절을 보냈던 고향산천이 그리웠다. 즐거웠던 유년의 시절보다 고달프고 괴로웠던 유년의 시절이었건만 고향은 항상 나를 놓아주지 않고 그리움의 끈을 잡아당기고 있었다.

고국에 복지 제도가 발달되어 어려웠던 시절에 국가의 도움을 받았다면 고국에 대한 애국심도 컸을 것이다.

하지만 나는 불행하게도 너무도 고통스럽게 유년의 어린 시절을 보냈다. 부모에게서마저 버림을 받듯 남의집살이를 해야 했었다. 그런 생각을 한다면 고국이나 고향 생각 따위가 나지 않아야 하겠지만 나는 고국이 그리웠다.

동물도 죽을 때가 되면 머리를 제 고향으로 머리를 두고 죽는다는데 하물며 사람으로서야 오죽하겠는가.

세월이 흐를수록 고국에 대한 향수가 더 깊어가던 차에 우연히 그 기회가 왔다.

고국을 방문하게 된 동기는 통일교에서 초청한 것이었는데 박광의씨가 추천했다. 통일교에서는 고국을 떠난 지가 오래 되었지만 가지 못하는 동포들을 위해 고국 방문 기회를 만들어 주었다.

남의 나라에 떨어져 생활전선에서 생존 경쟁을 하

다보면 고향방문은 꿈도 못 꾸고 살아가는 사람들이 대부분인 점을 감안하여 통일교에서 비용을 대고 고향방문단을 꾸린 것은 정말 고마운 일이 아닐 수 없다.

자식들 학교 보내랴 먹고살랴 정신없이 살아야 하는 이민 생활에서 고국 방문은 쉽게 할 수 있는 것이 아니었다.

박광의씨는 한인들이 많이 근무하던 베들레헴 선박회사의 기술자였다. 방한 시기가 회계사에게 가장 바쁜 세금보고 시즌 후였고, 한국에 무척 가고 싶었기에 기꺼이 따라 나섰다.

워싱턴 지역에서만 50명, 미주에서 총 350명인 대규모 방한단이었다. 서울과 경주를 둘러봤다. 경주에서는 불국사, 에밀레종을 보고 석굴암과 토함산 일출봉을 보기위해 새벽같이 산행을 했다.

세계적인 석굴암이라고 하지만 그 규모면에서는 웅장한 맛은 느낄 수 없었고 토함산의 일출은 장관이었다. 햇빛이 세상을 비출 때 삼라만상이 새롭게 제 모습을 드러냈다.

관광버스 안에서 20년 만에 한국 노래를 들으며 얼마나 감격했는지 모른다.

어릴 때부터 구박받으며 자란 나는 내가 못생기고 예쁘지 않다고 생각했다. 그런데 한국에 가니 같이 간 일행으로부터 데이트 신청이 많이 들어왔다.

경주에서 2주간 머무르며 세미나 등을 가졌고 포항제철도 둘러보았다.

그리고 서울에 있는 리틀 엔젤스 교육관에서 통일교의 자랑거리인 리틀엔젤스 공연도 보았다.

나는 한국에 있는 동안에 한 가지라도 더 보기위해 잠시도 쉬지 않고 돌아다녀 신고 간 운동화 바닥이 다 닳았다.

내 개인적으로는 방문단 동포들과 함께 지내는 동안 너무 인기가 많아 주위로부터 조심하라는 주의를 듣기도 했다.

서울 미아리에 있는 외사촌 언니네서도 5일간 머물렀는데 갑갑했다. 민화투를 배우기도 했는데 취미에 맞지 않았다.

문득 미국고기를 먹고 싶었다. 콜로라도 덴버에 살던 외사촌 조카가 한국에 나와 있어 함께 고기와 무우 국을 먹었는데 아직도 기억이 날만큼 맛있었다.

미국에 돌아온 후 계속 한국이 그리웠다. 향수병이었다. 멍하니 상념에 잠겨있을 때가 많았고, 일도 손에 잘 잡히지 않았다. 남편이 왜 그러냐며 걱정했지만 나는 가만히 나둬 달라고 했다.

오랜 번뇌 끝에 "내가 살 곳은 여기 미국 이라고 결론을 내리자 마음이 안정되고 향수병을 극복할 수 있었다.

옛 친구들

어렸을 때 다정하게 지내던 친구가 있었는데 이 친구에게는 군 입대를 앞둔 오빠가 있었다. 엄마가 집에 안 계실 때 친구를 불러 같이 잤다. 자고 있는데 가슴이 답답해 눈을 떠보니 내 몸 위에 그 오빠가 있었다. 놀라서 소리를 질러 쫓아낸 후 친구랑 크게 싸우고 헤어졌다.

1981년 한국 방문 시 아직 한국에 남아 있던 큰오빠와 함께 고향을 찾아가 그 친구를 만났다.

시골에서 농사를 짓고 있었는데 모습이 너무 많이 변해 있었다. 나이가 먹어 얼굴이 변한 것도 있지만 농사일에 시달려 얼른 알아 볼 수 없었다. 나는 나대로 미국 생활을 하다 갔고 옛날의 촌뜨기가 아니니 당연히 서로 알아보기가 힘들었다. 한참을 쳐다보다 서로 이름을 부르며 기억을 되살려야 했다. 그 곱고 꿈 많았던 얼굴이 세월에 망가지고 생활고에 망가져 있어 가슴이 아려왔다.

농사를 지어봐야 농약 값도 못 건진다는데 어떻게 생활해 가는지 친구의 일이 남의 일 같지가 않았다.

한국이 많이 발전 했다고 해도 농촌은 옛날처럼 살기가 여전히 힘든 것이 아닌가 하는 생각이 들었다. 누구나 좀 더 나은 삶을 희망하며 그 희망이 있기에 우리는 오늘의 힘든 삶을 인내하며 살 것이다.

농부라고 해서 10년 20년 그 타령으로 살라는 법이 있을까. 어쨌든 오늘날 한국의 농촌에 젊은 인구가 없다는 것은 국가적인 문제가 아닐 수 없을 것이다.

너무 달라진 서로의 모습에 속이 상했는지 그 친구는 함께 사진 찍는 것을 거부했다. 농촌의 힘든 삶이 사람을 망가지게 한 것 같아서 마음이 아팠다. 오랜만에 만났지만 그 친구는 나를 회피하려 해 그 이후 연락이 끊겼다.

이와 달리 의정부에서 18세 때 만난 친구 2명은 다들 미국으로 이민와서 1년에 한 번씩 서로 사는 곳을 돌아가며 만나고 있다. 이 친구들은 테네시와 라스베이거스에 거주하고 있다.

미국에서 만난 40년 지기들도 있다. 리사 리, 송코일, 이견자 등과 나까지 포함해서 네 명은 절친한 친구로 생일 때마다 함께 모인다.

춤바람

한국에 다녀온 뒤 한동안 '춤바람'에 빠졌다. 메릴랜드 실버 스프링 소재 한일관에 저녁 초대를 받아 갔는데 식사 후 아래층에서 볼룸 댄스를 췄다. 향수병에 시달리던 나는 춤의 매력에 흠뻑 빠져들었다.

6개월 동안 1주일에 3번 정도 갔다. 친구까지 끌어들여 친구 3명과 사무실 남자직원 1명 등 5명이 새벽 2시까지 춤을 즐겼다. 그리고 인근에서 24시간 영업하는 팬케익 전문점인 IHOP 식당에서 간단한 식사를 한 다음 새벽 4시에 귀가했다.

한번은 같이 방한했던 남성 1명이 다가와서 추근대는 바람에 동행했던 사무실 직원과 다투기도 했다.

이때는 향수에 젖어 있어 한국음악에 맞춰 춤을 추는 것이 좋았다. 늘 저녁 9시가 되면 춤추러 가고 싶어 견딜 수가 없었다. 술에 취해 집으로 돌아오다 음주운전으로 경찰에 걸려 음주 여부 테스트를 받기도 했다. 그러나 부끄러운 줄 몰랐다. 춤추는 즐거움에 다른 생각은 아무 것도 할 수 없었다.

　무슨 일이고 한 번 몰입하면 걷잡을 수 없이 빠져드는 성격 때문에 그런 것이지 타락의 구렁텅이로 빠져드는 것은 아니었다.

　그리고 무언가 허전한 감정을 채울 수 없었다. 그리운 고국을 다녀온 것이 향수병에 빠지게 한 것이었다. 말로만 듣던 향수병, 그 향수병에 빠져 헤어나지 못할 때 춤바람에 빠졌으니 그 춤바람에 고맙다고 해야 할지 모르겠다. 옆에서 지켜보는 남편의 마음은 몹시 불안 했을 것이다.

　하루는 알고 지내던 지인이 충고를 했다. 그는 나를 보자 대뜸 "술에 취해 구두를 어깨에 메고 술집을 나오는 모습이 보기 좋지 않았다" 고 쏘아 붙였다.

　보기 좋지 않았다고 한 말은 점잖게 표현한 말이지 사실은 타락한 사람 같다고 하고 싶었을 것이다.

　그 한마디에 정신이 번쩍 들었다. 춤을 단번에 끊고 다시는 다니지 않았다.

　진정으로 충고해주는 사람이 있다는 것은 고마운 일이라고 생각된다. 그 당시 그 지인이 충고해주지 않았다면 춤바람이 계속되었을 것이고 그러다보면 나도 모르게 탈선의 길로 빠졌을지도 모르는 일이다.

이 때 춤을 추던 남자들과 데이트를 한 것은 아니었다. 당시 춤추던 사람들과는 아직도 친교를 나누고 있다. 미국에서는 사교댄스가 불건전한 게 아니다.

이 당시 남편은 걱정스러우면서도 이해심 많게 잠자코 나를 지켜봤다. 그는 나의 방황을 이해하고 있었다. 그이는 내게 술에 취하면 위험하니 호텔에서 자고 오라고 권했다. 하지만 내심으로는 굉장히 속이 상했던 것 같다. 자기 퇴직금을 자주 보여줬는데 그 당시는 그 의미를 몰랐다. 나는 남편의 말이 귀에 들어오지 않았다. 그 때를 생각하면 지금도 남편에게 미안함을 느낀다.

첫 개업

1977년 경 집에서 회계사 사무실을 열었다. 볼티모어지역에서 첫 한인여성 회계사의 개업이었다. 남편은 손님을 어떻게 확보하려고 사무실을 개업하느냐고 반대했다. 사무실 집기를 장만하기 위해 몇백 불이 필요한 상황이었는데 남편은 괜히 돈만 날린다며 그 돈을 아까워했다.

　나는 사무실 낸 것을 사람들에게 알리기 위해 신문에 광고를 내기로 했다. 광고는 효과가 나타나기 시작했고 나에게 일을 맡긴 사람들은 또 다른 사람들에게 선전을 해 입 소문을 통해 손님들이 늘어나기 시작했다.

　어떤 사람은 내 사무실을 못 찾아 두 시간이나 헤매다 온 사람도 있었다. 개인 세금 관리나 사업하는 사람들 세무 보고 고객이 점점 늘어 500명까지 되었고 직원을 3-4명 써야 할 정도로 사업이 신장 되었다.

　반대하던 남편은 내일이 잘 되어가자 나를 신임하는 자세로 바뀌어 내가 무엇을 하겠다고 하면 반대하지 않고 잘 따라 주었다.

경호원이 되어준 사무보조원

　젊은 여자가 세금 관련 업무를 보다보니 고객들과 괜한 신경전이 벌어지기도 했다. 사무실에서 상담을 해도 될 일을 밖에서 보자고 하는 경우도 있었다.

　예감이 좀 이상하다 싶으면 남자 직원을 대동하여

함께 나갔다. 내 일을 도와주고 있던 김원용씨와 함께 나가곤해 뭔가 수작을 걸어보려 했던 남자들은 김원용씨를 몹시 미워하게 되었다.

그것이 단순히 눈에 가시처럼 생각하는 정도가 아니라 다른 사무실로 거래를 옮기는 경우도 있었다. 그뿐만 아니라 부인들이 내 사무실을 방문해보고 괜한 오해나 질투를 해서 다른 곳으로 옮기기도 했다.

그렇게 본인들이 원해서 다른 곳으로 가기도 했지만 세무보고 신고를 터무니 없이 줄여서 해 달라고 하는 경우에는 내가 다른 곳으로 가라고 권하기도 했다.

해마다 달력을 만들어 3일 동안 돌렸는데 그 때는 꼭 김원용씨와 함께 다녔다.

김원용씨는 특별히 내일을 자기 일처럼 잘 도와주었다. 뿐만 아니라 그의 부인도 내일이라면 발 벗고 나서서 도와주었다.

김원용씨가 내 남편이라고 소문이 날정도로 같이 다니는 시간도 많았고 어려운 곤경에 처할 때면 가족처럼 나를 도와주었다.

일을 하다보면 실수를 하게 될 때도 있다. 그럴 때면 고객에게 솔직하게 털어놓고 사과를 했다. 그런 일들이 고객들에게 신뢰를 쌓아 손님들이 늘게 되었고 여성 특유의 자상함과 친절이 일조를 했다고 해야 할 것이다.

내 사무실 손님들 중에는 유태계 러시아 사람들도 많았다. 러시아에 터 잡아 살던 유태인들이 미국에 들어와 사업 하던 사람들이었는데 내 사무실 단골손님이 되었다. 자기네들 끼리 서로 입 소문을 내서 알고 찾아 왔다.

제4장

사회참여와 봉사

한인사회 참여

　내가 회계 사무실을 처음 열었을 때 한인부부 한 쌍이 첫 손님으로 찾아왔다. 부부가 서로 한국어로 대화하고 한국음식을 먹는 것을 상상하니 너무 부러웠다. 한인들이 그리웠고, 동포와 함께 생활하고 싶었다. 그러나 미국인 남편과 오랫동안 생활했고, 미국인들 속에서만 쭉 지내왔기에 선뜻 한인사회로 들어가는 것이 내키지 않았다. 하지만 한국 방문을 통해 본 한국의 발전상과 동포들의 정감, 마음을 사로잡는 문화 등이 계속 내 마음을 한인사회로 이끌었다.
　무엇보다도 같은 동포들을 위해 뭔가 의미 있는 일을 해보고 싶었고, 어려운 이들을 위해 봉사하고 싶었다. 나의 전문지식이 동포들에게 미약하나마 도움을 줄 수 있을 것 같았다. 한편으로는 두려운 마음도 있었다. 미국 사회에서는 전문인으로서 성공적으로 정착했지만 한국어와 한글이 서툴렀고, 일찍이 조국을 떠나와 이제는 한국 문화가 낯설고 미국문화에 더 익숙했다. 게다가 국제결혼 여성에 대한 한인사회의 편견도 마음에 걸렸다. 6개월간의 갈등 끝에 마음을 정하고 한인사회로 들어갔다.

1983년부터 볼티모어 실업인 협회 이사를 맡으면서 본격적으로 한인사회 참여를 시작했다. 이때 장학위원으로 1만 달러의 장학금을 조성하기도 했다.

장학생을 선발해서 장학금을 지급하는 일은 평소 존경하는 유재풍 교수가 맡아서 하였는데 조금도 빈틈없이 일처리를 하여서 모두들 만족해 했다.

1986년 심윤택 회장 시절 볼티모어 한인회에 부회장으로 참여했다. 그해 9월 코리안 페스티벌 준비위원장을 맡았다. 코리안 페스티벌은 볼티모어 지역의 한인사회가 한국 문화를 미국 사회에 소개하는 대규모 연례행사다. 이 행사는 1977년 첫 여성한인회장인 이영희씨가 처음 시작했다. 윌리엄 도날드 쉐퍼 당시 볼티모어시장이 한인의 날을 선포했으며, 소수민족 축제의 일환으로 다른 민족들과 함께 행사를 치렀다.

한인의 날을 선포하고 한국의 문화를 알린다는 것이 힘든 일이긴 하지만 민족적인 자긍심을 갖게 하는 일이고 2세들이 정체성을 확립하는데 큰 힘이 되리라 생각된다.

이후 한인 단독 행사로 독립하면서 한인회 주최로 다양한 한국문화를 소개하는 한인사회의 최대 행사가 되었다.

그러나 그 때는 소개할 자원이 너무 없었다. 고전무용단 하나 없는 형편에서 한국 문화를 지역사회에 소개하는 코리안 페스티벌을 준비하는 것이 너무 힘들었다.

태권도 시범을 위해 자리를 잡은 태권도인인 최복성 관장에게 부탁을 했다. 수없이 전화했는데 거절당해 마음이 몹시 상했다. 최 관장 역시 나름대로 사정이 있었을 것이나 나 역시 사정이 다급했기에 서운한 마음이 오래 갔다. 최 관장 본인은 잊고 있었겠지만 수년이 지난 뒤 우연히 만난 자리에서 그때 섭섭했다고 말하니 사과를 해 마음을 풀었다.

고전무용을 전공한 안순희씨에게 강강수월래를 요청했다. 안씨는 대학생 10명을 구해달라고 했다. 일주일에 한 번 메릴랜드 한인회관에서 가르쳐 무용단을 결성했다. 붓글씨 시범도 했는데 의외로 인파가 많이 몰렸다.

코리안 페스티발은 때마침 인근 볼티모어 아레나에서 인기프로인 어린이 TV '세사미 스트릿'의 연극 공연이 있어 오가던 관중이 모여들면서 3,000여명이 관람했다.

여담으로 한인사회에 참여하고 난 뒤 남자들에게

인기가 많았다. 남자들은 내게 참 잘 대해 줬다. 회계 사무실로 꽃을 들고 찾아오는 남성들도 있었다. 어떤 남성은 너무 자주 와서 비서가 "김 선생님, 저분 또 오셨는데 어떻게 하지요" 라며 난처해 했다.

여자로서 사랑의 공세를 받는 것이 기분 나쁜 일은 아니지만 결혼한 입장인 나에겐 난처한 일이 아닐 수 없었다. 더구나 한인 사회에 봉사하겠다고 나선 상태에서 사람들에게 괜한 오해를 받을 일이었다.

나는 그에게 "그러지 말라. 남편 있는 몸"이라고 알아듣게 타이르기도 했다.

한인사회에 빠져들다

한국에 별로 좋은 기억도 없고, 일찍이 미국으로 건너와 오랫동안 한국인과 떨어져 생활했지만 한국인의 피를 이어받은 것은 어쩔 수 없었다. 자연스레 한인들을 찾게 되고, 한인사회에도 참여하게 됐다.

피는 물보다 진하다는 말이 있듯이 나 역시 미국인과 살고 있고 미국 생활이 오래 되었지만 한국인을 만나면 편안하고 동기간 같은 감정이 생기는 것을 어쩔 수 없었다.

지금 집 마당에는 한국을 생각하는 내 마음을 대변하듯 무궁화 나무가 잘 자라고 있다.

한인들과 더 많이 사귀고 싶었다. 오랜 미국생활에 한인들을 접하는 것은 묘한 향수를 불러일으키고, 왠지 정이 갔다. 몸에 베인 한국 문화가 아무리 세월이 흘러도 가슴 밑바닥에 깊숙이 남아 나를 흔들어 깨웠다.

기억에서 사라졌던 한국 문화를 접할 때마다 가슴을 강하게 치는 짜릿한 감동으로 나를 계속 한인사회에 빠져들게 했다.

볼티모어한인회장을 지낸 김창호 목사님이 주도하는 친목 모임에도 들어갔다. 하지만 한국어를 알아듣기 힘들고 불편했기에 오래 참여하지 못하고 나왔다.

오랫동안 한국어를 쓰지 않아 많이 잊어버리기도 했지만 세월만큼 말도 바뀌었다. 대화할 때 처음 듣는 말들이 많았고, 유행어가 담긴 농담들은 더욱 이해하기 힘들었다. 남들이 웃을 때 웃지 못하고, 남들이 농담할 때 같이 받아치지 못하니 모임이 재미가 없고, 부담만 있었다.

그 다음에는 피바디 음대의 안용구 교수 부인인

김정현씨가 주도하는 콜럼비아 지역 모임에도 나갔지만 역시 한국어가 불편해 중간에 그만뒀다.

1985-86년 한인사회 모임에 많이 참석했는데 남자와 여자가 늘 따로 그룹지어 앉았다. 전통 한국문화에서 비롯된 듯 누가 시키지 않아도 자연스럽게 남자들은 자기들끼리 앉아 술잔을 주고받았고, 여자들은 여자들대로 모여 수다를 떨었다. 부부가 함께 참석하는 다른 사람들과 달리 나는 주로 혼자 참석했는데, 남자들이 편해 주로 남자석에 앉았다. 남편이 동행하지 않으니 누가 뭐랄 사람도 없었다.

회계사와 보험업 병행

1981년 랜스타운 지역에 사무실을 얻어 직원 3명을 두고 회계사무소를 열었다. 하지만 건물주가 임대료를 대폭 인상해, 내 개인 소유의 건물을 매입해서 내부를 개조한 다음 새 사무실을 열었다. 1978년 집에서 시작해 28년을 운영했던 회계사무소는 2005년 은퇴와 함께 매각했다.

회계사를 하면서 보험업도 함께 했다. 프라이메리카보험의 생명보험을 주로 취급했다. 1985년 면허를 취득한 뒤 사무실 2층에서 보험 에이전트 교육을 했는데 한 때 20여명이 다운라인(downline)에 있었다.

에이전트들과 매일 밤 9-12시면 사무실에 모여 오전 3시까지 회의를 하고 24시간 영업하는 식당에서 밥을 먹고 헤어질 만큼 다들 열심히 뛰었다. 이로 인해 파트 타임으로 하는 일임에도 톱세일즈를 기록했다. 한 달에 13,250달러를 수입으로 올린 적도 있다.

노스캐롤라이나에서 세일즈맨 회의가 열린 적 있는데 동료들과 함께 벤을 몰고 참여했다. 이 때 참석한 1,000여 세일즈맨 중 톱 세일즈우먼으로 뽑혀 대표연설을 했다. 나는 열심히 하면 누구나 톱세일즈를 할 수 있다고 강조했다.

플로리다에서 3,000명이 모인 회의에서는 톱10 안에 들어 대형 트로피를 받았다. 보험회사에서 호텔의 가장 전망 좋은 호화객실을 제공해 호사를 누렸다. 열심히 한 덕에 지역 부사장에까지 올랐다.

하지만 텍스 시즌이 도래할 때마다 교육이 힘들어 2년 정도 하다가 중단했다. 지금은 건강보험만 하며 필요한 사람들에게 도움을 주고 있다.

단체 결성 시작

1972년 주위의 한인여성들과 함께 한미여성회를 창립했다. 여성회는 한국서 출생한 여성을 자격으로 하고 한인여성들을 찾아다녔다. 매월 1회 모임을 갖고 테이블 매너나 미용, 꽃꽂이 강좌 등 주로 미국에 사는 방법을 가르쳤다.

2년 뒤인 1974년 직접 여성회장을 맡았다. 부회장은 그린마운트 애비뉴에서 동양식품점을 하던 송정녀씨를 선임했다.

여성회서 바자를 열었는데 송정녀씨의 수놓는 솜씨가 너무 좋아 미국 신문에 크게 기사가 나가기도 했다. 이때 장학금을 모아 고국의 고아들에게 보냈다.

큰돈은 아니지만 고국의 불우한 어린이들을 위해 장학금을 보냈다는 것이 가슴 뿌듯한 일로 오랫동안 기억에 남아있다.

1979년에는 볼티모어한인회(8대, 권종율 회장)에서 재무부장을 하면서 여성회장에도 선출되자, 장학금 모금파티를 벌였다. 이 파티에는 200여 동포가 참석하는 성황을 이뤘고, 620달러를 모금했다.

한인회 재무부장으로 재임할 때 총회가 열려 재무

보고를 하게 됐다. 그 때까지 한국말이 서툴렀던 나는 재무보고를 더듬더듬하게 말하자, 보다 못한 다른 임원이 나서 대신 자료를 보고 읽었다.

이때 창피하지는 않았지만 한국말을 잘하지 못해 미안했다. 한국말을 잘하고 싶은 욕구가 강하게 일었다. 모국어도 못하면서 한인단체 일을 한다고 누군가 흉을 보지 않을까 하는 생각도 들었다.

여성회는 특별한 모임이 따로 없던 때 한인여성들의 인기를 끌어 한창 때는 70명까지 모였다. 워싱턴의 한미여성재단 회장이 우리 모임에 참석한 적이 있는데 분위기가 너무 즐겁다며 좋아했다. 따라서 초기에는 회장 선거 때 한인회장 선거 못지않게 경쟁이 치열했다.

1989년 다시 여성회장을 맡았다. 이때 경로잔치를 처음으로 개최했다. 이민생활에서 외로움과 향수를 누구보다 많이 느끼는 한인노인들을 위로하고 싶었고, 한인사회에 한국의 미풍양속인 경로사상을 고취시키고 싶었다. 지역에서 처음으로 개최된 경로잔치에 대한 호응은 기대 이상으로 높았다. 노인들의 환영은 둘째 치고, 다들 좋은 아이디어였다고 칭찬을 해줬다.

1991년 여성회 창립 20주년 사업으로 한인 노인

을 위한 노인아파트 건립을 추진했다. 미국에서는 노인들이 노인아파트에서 여생을 보내는 경우가 많다.

대개 정부나 자선단체 주관으로 건립되는데 노인들만 모여 있어 조용하고 안전하며, 특히 노인들을 위한 편의 시설이 완벽하고, 의료진도 늘 대기 하고 있어 노인들에게는 오히려 일반 주택보다 훨씬 낫다. 하지만 한인노인들의 경우 노인아파트에 입주해도 말이 통하지 않아 어려움이 많으며, 음식도 냄새 때문에 먹고 싶은 대로 마음대로 요리하지 못해 불편해 했다. 차라리 자녀 가정에 있는 게 낫다는 노인들도 있었다. 노인아파트는 대게 방 한 칸과 목욕탕, 거실, 주방 등 필요한 공간만으로 구성돼 있다.

노인아파트 건립 사업은 1991년 시작해 1998년까지 계속됐다. 노인아파트는 80가구를 목표로 했다. 여성회는 바자 및 기부금, 모금 운동 등으로 5만 달러의 기금을 모았다. 워싱턴 한인봉사센터의 최경수 박사가 조언을 많이 해줬다.

연방주택부(HUD) 프로그램을 이용해 그랜트(연방정부에서 자금을 지원해주는 프로그램)를 받는 사업이었는데 다른 15개 미국인단체와 경쟁했다. 상당히 가능성이 높았으나 부지 문제로 실패했다. 우리가 제

출한 엘리콧시티 부지가 인근에 알콜중독 치료소가 있고, 샤핑센터가 멀며, 대중교통이 들어오지 않았기 때문이다.

노인아파트는 노인들에게 가장 편리한 환경이 조성돼 있어야 하는 것이다. 또 볼티모어카운티 부지는 조닝(땅 매매에 대한)문제를 해결하지 못해 실패했다. 땅값 38만 달러는 1만 달러만 다운페이하고 연방정부 지원금인 그랜트(grant)를 받아 갚으면 되었기에 자금은 큰 문제가 아니었다. 하지만 대부분의 한인들은 엄청난 규모에 기가 질려 엄두를 내지 못하고, 실현 가능성을 믿지 않았다.

후임인 황정순 회장 재임시절 조닝 변경 가능성을 통보받았지만 임원진은 별 흥미가 없었고, 황 회장도 "가능성이 없다"며 더 추진하지 않았다.

노인아파트 건립 실패에 대해 나는 아직까지 "너무 아깝고, 너무 억울하게" 생각하고 있다. 땅 찾는 게 가장 힘들었지만 그 문제를 해결했고, 소수계인데다 여성단체가 추진하는 사업이라 정부 그랜트 성사 가능성은 높았다.

여성회와 한인사회가 조금만 더 힘을 실어줬으면 충분히 가능했던 사업이었다. 이후 한인교회를 중심으로 한인노인아파트가 여러 곳에 생긴 것을 봐도 이룰 수 있었다는 것이 입증된다.

　노인아파트 건립에 실패한 다음 커뮤니티 센터 건립으로 눈을 돌렸다. 한인사회에서 2세들에게 뭔가 남겨주고 싶었기 때문이다. 한인회장으로 재임하며 커뮤니티 센터 건립 계획을 추진했다. 노인아파트와 달리 커뮤니티 센터는 한기덕 회장과 허인욱 회장 등 후임 회장이 계속 추진, 한 단계씩 성사되고 있어 너무 기쁘고 고마운 일이다.

　여성회 회장을 역임하고 있을 때 열성적으로 도와준 윤영희님과 박신자님의 도움은 잊을 수 없는 일이다. 이 자리를 빌려 고마운 마음을 다시 한 번 표하고 싶다.

노인 사랑

　한인노인들을 보면 늘 안쓰럽고 능력껏 최선을 다해 봉사해야겠다고 생각을 한다. 자의든 타의든 낯선 이국땅에 건너와 완전히 다른 언어와 문화를 이해하지 못하면서 노후를 보내야 하기 때문이다.

　지금은 노인단체도 많이 생기고, 노인봉사기관도

늘었으며, 노인들을 위한 한인 봉사자들도 많지만 이민 초기에는 그러지 않았다. 우선 말이 통하지 않으니 정상적인 바깥 생활을 할 수가 없고, 심지어 가족 내에서도 손자손녀들의 말을 알아듣지 못해 무시당하는 굴욕도 겪었다. 또 대중교통이 발달되지 않은 미국의 특성상 차가 없거나 운전을 못하면 바깥나들이를 할 수 없으니 집 주위 산책 외에는 나가지도 못해 '창살 없는 감옥'이란 말이 딱 맞았다.

자녀들의 부양을 제대로 받지 못하면 한식조차 제대로 먹지 못하고 입에 맞지 않는 미국음식으로 연명하는 경우가 많았다.

영어도 못하는 노인들은 자식들이 모두 출가하면, 정상적인 생활도 힘들고 미국이 자랑하는 다양한 노인복지혜택도 제대로 찾아 누리지 못한다. 한인사회에서 가장 소외되고 미국 땅에서 가장 고생하는 노인들을 돕는 것이 한인사회에서 가장 절실한 봉사라고 생각했다.

따라서 노인아파트 건립 추진뿐 아니라 한인들을 위한 노인센터 건립에도 힘을 보탰다. 볼티모어한인노인센터 창립 때부터 지금까지 자체 건물 추진위원을 역임했으며, 계속 이사로 재임 중이다.

볼티모어 다운타운 페더럴 스트릿에 자리잡은 볼티모어 한인노인센터는 한인노인들이 여생을 알차게 보내는 요람이자 지역한인사회의 자랑이다. 자체건물을 갖추고 직원들이 상주하며, 시로부터 재정지원을 받아 다양한 교육 및 건강 프로그램과 소셜 서비스를 제공하는 것은 미 전역에서 한인사회로서는 찾아보기 힘든 곳이다.

이곳에서는 월-금 오전 8시 30분에서 오후 4시 30분까지 연중 내내 쉬는 날 없이 운영되고 있다. 프로그램을 진행하는 풀타임 직원 3명 및 10명의 파트타임과 교사들에 의해 운영된다. 우선 영어, 컴퓨터, 시민권 따는 데 필요한 영어교육, 음악, 댄스, 에어로빅 등의 교육 프로그램과 함께 건강 및 특별 강좌가 수시로 열리며, 바둑, 당구와 고전무용, 빙고 게임 등을 항시 즐길 수 있다. 게다가 매일 한식 점심이 제공되며, 노인들에게 필요한 각종 복지혜택에 관한 설명과 서류 신청을 돕고, 번역과 통역 서비스도 받을 수 있다. 또 시내 주요 노인아파트에는 전용버스가 운행되며, 수시로 관광 및 생일잔치 등을 갖는다. 이 센터를 통해 시민권을 취득한 노인은 1,000명이 넘는다.

연 45만달러에 달하는 예산의 70%는 시에서 지

원하나 나머지는 등록금과 회비, 기부금 등으로 충당하며, 주로 노인들인 22명의 자원봉사자들이 업무를 돕는다. 처음에는 시노인국 산하 프로그램으로 출발했으나 자체 건물 입주와 함께 비영리기관으로 독립했다.

1993년 하포드 노인센터에서 더부살이로 프로그램을 시작했던 한인노인센터는 웩스트 노인센터를 거쳐 지난 2000년 시로부터 폐교된 초등학교 건물을 불하받아 숙원이던 자체건물을 완공했다. 40명으로 출발했던 이 센터의 등록자는 2009년 335명에 달할 만큼 비약적인 성장을 했다. 더부살이 시절 프로그램을 할 방도 구하지 못해 식당에서 공부한 적도 있었지만 이제는 1, 2층 합쳐 1만5,000평방피트의 넓고 환한 건물에서 노인들이 원하는 프로그램을 맘껏 즐길 수 있다.

이 노인 센터를 설립하기 위해 시에서 다 허물어져 가는 학교 건물을 불하받는 과정에서부터 참여하여 일이 원활하게 추진되도록 수고하신 유재풍 교수의 노고가 컸다는 것을 잊을 수 없고 우리 동포 사회가 감사해야 할 일이라고 생각한다.

또한 배경덕 이사장과 남기모 운영위원장 등 많은

분들의 아낌없는 지원과 노고가 있었기에 오늘날과 같은 자랑스러운 노인 센타가 설립 될 수 있었다.

노인아파트 건립 추진 및 노인 봉사에 기여한 공으로 1993년 한국 외무부 장관 표창을 받았다.

한인 간 차별

한인사회 참여 후 절실히 느낀 점은 한국서 제대로 공부했으면 더 활발하게 큰일을 했을 것이라는 아쉬움이다. 미국서 만난 한인들은 대부분 어린 시절 괜찮게 산 사람들이었다. 그런 사람들은 언제나 자신들의 부유했던 어린 시절을 자랑했고, 학벌을 내세웠다.

반면 나는 어린 시절 입에 풀칠하기 급급해 아무런 기회를 갖지 못했기에 그들 앞에서는 나도 모르게 위축됐다. 따라서 난 늘 학력에 대한 열등감이 따라다녔다.

글렌버니에서 학교 다닐 때 몇몇 여성들이 나를 노골적으로 따돌리며 못살게 굴었다. 그리고 못 배웠다고 멸시했다. 제대로 공부해서 인생을 어떻게 살아야 잘 사는가 고민을 했다면 그렇게 사람 차별을 하는 행동은 하지 않았을 것이다.

부모 잘 만난 덕으로 부모 덕분에 간신히 졸업장이나 땄을 인격의 사람들이었기에 사람을 차별하고 멸시 했겠지만 견딜 수 없는 모욕감을 느꼈다.

남이 하지 못하는 공부를 했으면 사회에 봉사한다든가 모범이 되어야 하겠지만 그런 점은 조금도 없고 거드름 피우고 사람을 무시하는 꼴은 가관이었다.

분해서 새벽 3시까지 잠을 이룰 수 없었다. 이때 남편이 "과거의 일에 불과하다"며 마음을 안정시켜줬다. 그리고 "당신은 지금 학교에 다니고 있으니 더 나은 성취를 이룰 수 있다"고 격려했다.

남편은 내가 방황하거나 마음이 상했을 때 언제나 나를 지켜주는 보호자였고, 방향을 잡아주는 등대이자, 맘 놓고 기대는 그늘 넓은 나무였다. 내가 어려운 시절을 극복하고 오늘의 나를 이룬 데에는 어려울 때마다 격려를 아끼지 않은 남편이 있었기 때문이라고 해야 할 것이다.

나를 멸시하던 여성들은 내가 힘들게 공부를 마치고 자리를 잡은 다음 한인사회에 참여하게 되자 대번에 안면을 바꿔 오히려 과거의 인연을 대면서 친구라 칭하고 다녔다.

학력뿐이 아니었다. 국제결혼한 여성에 대해서도

남자든 여자든 차별이 있었다. 특히 여성들은 아무리 친해도 일정하게 선을 그어 속상하게 했다.

대륙에 와 살면서 큰 가슴으로 살지 못하고 반도인의 특징인 편협한 마음으로 사는 사람들을 보면 답답한 마음을 금할 수 없다.

학력을 따지고, 지역을 따지고, 인종을 따지는 그 좁아터진 마음을 저 태평양에 내던지고 넓게 크게 살아보자고 외치고 싶다.

한인국과 미국인 기부 문화 차이

단체 활동이나 기부에 있어서도 한인과 미국인은 정서적으로나 문화적으로 차이가 있다. 글렌버니에 살던 시절 미국여성단체에서 활동한 적이 있다. 이름이 여성단체연합(Federation Women's Association)으로 카운티별로 지부를 두고 있었다.

나는 일반 회원으로 어느 리서치센터에 기부하기 위한 모금 활동을 했다. 기부를 할 경우 한인들은 보통 100달러인데 비해 미국인들은 큰 부자가 아닌 이상 수십 달러가 고작이다.

한인들은 이왕 기부를 할 때는 크게 하는 것이 제

대로 하는 것이라는 인식을 갖고 있어, 기부액수를 중시한다. 따라서 기부를 하면 액수가 크지만, 반면 돈이 충분하지 않을 경우 기부에 선뜻 참여하지 않는다.

이에 비해 미국인들은 가능한 한 많은 단체에 고루 기부를 했다. 적은 액수나마 여유 돈이 생기면 뜻 있는 활동을 하는 단체에 기부하는 것이 생활화 돼 있었다. 이러다 보니 모금활동에 있어서도 차이가 있었다.

한인을 상대로 모금을 할 때 적은 액수를 기부하는 사람은 내심 부끄러움을 내비친다. 대부분의 사람들이 큰돈을 기부하기 때문이다. 미국인 단체에서의 모금 활동 경험으로 작은 기부도 크게 감사하는 문화를 배웠다.

종교를 갖다

테네시에 살 때 미국인교회에 나가면서 처음으로 기독교를 접했다. 시댁 식구들을 따라 교회에 다녔으나 신앙심이 깊은 것은 아니어서 남편과 함께 동부로 온 뒤에는 교회를 거의 다니지 않았다.

이혼 후 로럴에서 혼자 살 때 천주교회에서 3개

월간 교리교육을 받은 적이 있다. 그곳에서는 내 이혼을 이해하고 이혼 여부에 상관없이 받아들이겠다고 했는데, 나는 이혼을 하지 못하게 하는 교회에서 이혼을 용인하는 점을 오히려 이해 못해 중도에 그만뒀다.

그 후 엘리콧시티에 있는 한인교회인 벧엘교회에 1년간 등록을 하지 않고 다니다 정식 신자가 되기 위한 7단계의 절차를 다 거치고 등록했다. 교회가 왜 분열되어야 하는지 이해가 안 가는 일인데 현실 속에서 자주 발생되고 있었다.

교회가 분열되면 가족 간에도 서로 반목하고 뜻을 하나로 하지 못했다. 하나님 안에서 서로 형제 되어 사랑하고 용서하라는 말을 매일같이 하면서 서로가 원수되어 헤어지는 것을 하나님이 어떻게 보실까 궁금하지 않을 수 없다. 성경을 매일 끼고 다니면서 성경 지식은 혼자 다 아는 것처럼 하는 행위는 위선의 상징이란 말인가.

신앙에 관심을 가지고 교회에 나가다가 이런 일을 당하면 종교나 하나님이란 존재에 회의감을 가지지 않을 수 없다. 교회가 분열되자 정이 떨어져 다니지 않았다. 사랑과 용서가 성경 안에서 잠자고 있는 경구가 아니라 사회 안에서 실천될 때 신앙인으로 부끄럽지 않을 것이다.

지금은 빌립보교회에서 담임하는 송영선 목사로부터 세례도 받았다.

송영선 목사님은 우여 곡절 끝에 벧엘 교회에서 갈라져 나와 빌립보 교회를 설립했고 나는 교회를 한동안 안 나가다가 어떤 계기로 다시 교회에 나가게 되었다.

교회가 분열되니 가족 간에도 반목하는 것을 봤다. 무엇이 진정한 가치이고 무엇이 더 중요한지를 모르는 듯 했다. 가족 간에도 서로 이해 못하는 논리로 다투는 것은 종교가 가지는 본래의 기능은 아닐 것이라고 생각한다.

서로 불화하고 다투다가도 교회에 오면 화합하고 사랑을 나누어야 할 텐데 오히려 교회에서 다투고 분열하니 무어라 할 말이 없는 일이다. 신앙인으로서 기본적인 윤리를 저버리면 어떤 논리도 정당화될 수 없다고 판단했다.

허인욱 현 메릴랜드한인회장이 당시 "믿음은 유지해야 한다."며 다른 교회라도 계속 다닐 것을 권유했지만, 그 말이 맞다는 것은 알면서도 마음이 내키지 않았다.

한인회장이 되다

한인사회 참여를 시작한 이래 큰 틀에서 한인사회를 위해 봉사하고 싶다는 바램이 있을 때 박춘기님과 황정순님이 찾아와서 메릴랜드 회장을 맡아 달라고 하기도 했고 그동안의 경험을 바탕으로 한인사회 전체를 위한 사업들을 하고 싶었다.

2002년 3월 메릴랜드한인회장에 단독 출마해 당선되고, 2년 뒤 한번 더 연임해 4년간 한인회장으로 재임했다. 선관 위원장은 백성옥님이 맡았고 그 후로도 내가 하는 일을 적극적으로 도왔다. 재임 기간 중 지금까지 한인회에서 소홀히 했던 사업과 시대변화에 맞춰 한인회에 대한 동포들의 관심과 참여를 높일 수 있는 사업들에 주안점을 뒀다.

한인회 웹사이트를 처음으로 제작했고, 한인사회의 오랜 숙원이던 운전면허시험교본을 한글로 번역해 책자로 만들었다. 또 회원제를 시작해 한인회에 대한 소속감을 높였다. 회비를 납부한 정회원에게는 다양한 한인업체들로부터 할인을 받는 혜택이 돌아가도록 했다. 또 정회원의 증가는 대외적으로도 한인회 영향력 제고에 기여했다. 미국 정부기관이나 사회단체에서는 회비를 납부하는 정회원의 수에 큰 의미를 둔다.

이와 함께 한인사회의 중심으로 한인들을 위해 다양한 사업을 추진할 수 있는 코리아 커뮤니티 센터 건립위를 구성했다. 유대인들의 중심점으로 민족 및 종교 교육을 실시하고, 커뮤니티를 활성화시키는데 기여하는 유대인센터와 같은 커뮤니티 센터를 세우고 싶었다.

2세들의 한인사회 참여 유도에도 각별한 신경을 쏟았다. 1세들의 헌신적인 뒷바라지로 2세들은 주류사회에 성공적으로 진출하기 시작했지만 한인사회로 돌아오지 않았고 관심도 두지 않았다. 또 정체성 문제로 고민하는 2세들이 많았다. 이들이 일단 한인사회에 흥미를 갖도록 유도하기 위해 코리안 페스티벌에 청소년 장기경연대회를 마련했다.

결과는 예상외로 대성공이었다. 수백 명의 청소년들이 몰려 친구들의 장기에 환호하며 응원을 보냈다. 출전자들은 대부분 한국의 인기가요를 불렀는데 오히려 호응이 좋았다. 미국사회에 동화돼 영어를 주로 쓰며 생활하지만 한인청소년들은 어른들의 생각 이상으로 한국문화에 관심이 많았고, 좋아했다.

청소년들이 음악을 통해 친목을 나눌 수 있도록

청소년 오케스트라도 추진했고, 지역 한인들의 이민 역사를 되새기는 한인사 편찬도 착수했다.

    2003년 1월 13일에는 미주한인 이민100주년을 기념하는 축전을 열어 한인이민사를 재조명하는 기념식, 강연, 비디오 상연 및 문화 공연을 했다.

    나는 평소에 인덕이 많다고 생각한다. 실제 미국 생활에서 음으로 양으로 도와준 지인들이 많았다. 이들은 내가 어려울 때 언제나 든든한 힘이 되어주었고, 내가 방향을 잃고 헤맬 때 길잡이가 되어 바른 길로 이끌어 주었다.

    여성회장 시절 나를 공격하지 못해 안달하던 주간지가 있었다. 그 주간지 발행인은 공공연하게 나를 비난했고, 걸핏하면 기사로 가만두지 않겠다고 으름장을 놓았다. 그럴 때마다 지금은 고인이 된 이덕노 전 실업인 협회장이 막아주었다.

    또 한인회장 시절 부회장으로 4년간 도와준 박춘기 님도 꼽지 않을 수 없다. 박씨는 한인사회 실정과 문화에 어두운 나를 대신해 앞장서서 어려움을 헤쳐 나갔다. 또 실무를 도맡아 하는 것은 물론 사업 계획도 능력있게 수립해 나의 부족함을 채워줬다.

    특히 한일 간에 독도 문제가 불거졌을 때 우리 한

인회도 가만히 있을 수 없다고 하여 일본 대사관 앞에 모여 데모를 했다. 이날 박춘기님은 삭발을 단행해 우리의 민족의식을 고취 시켜주었고 일본인들에게 미국에 살고 있는 한인들의 존재를 의식하게 해 주었다.

연방사회보장국에서 홍보관으로 근무하는 최향남님은 여성회장 때부터 지금까지 나를 돕고 있다. 최근 플로리다 남서부한인회를 발족시킬 때는 플로리다까지 와서 연방복지 프로그램 세미나를 해줬다. 한기덕 트리플씨 도매상 대표 또한 내가 하는 일에 모두 협조를 했다.

한국일보 볼티모어지국의 유지형 지국장과 박기찬 기자의 도움도 각별했다. 두 사람은 기사와 조언으로 나의 한인사회 봉사를 측면 지원했다.

이 모든 이들의 관심과 도움에 고마움을 전한다.

한인회관과 회관용 건물

재임 중 가장 역점을 뒀던 사업은 커뮤니티 센터 건립이었다. 하지만 커뮤니티 센터 건립 추진은 다른 단체와의 마찰 및 법적 분쟁 등으로 재임 중은 물론 퇴임 후에도 나를 골치 아프게 했다.

　1999년 11월 10일 볼티모어시 예산위원회에서 한인 소유인 구 트리플씨 도매상 건물을 25만달러에 매입, 한인회에 한인회관용 건물로 넘기기로 승인했다. 이어 2000년 3월 23일 이 건물을 시에서 무상으로 한인회에 기증했다. 명목은 커뮤니티 센터로, 10년간 되팔지 못하도록 단서조항이 붙었다. 커트 슈모크 시장의 퇴임 선물이었지만 이 건물은 한인회가 관리하기에는 규모가 너무 컸고, 한인사회 분열의 불씨가 됐다.

　2001년 7월 24일 메릴랜드한인회는 이사회를 열어 관리 부담을 이유로 이 건물을 시에 도로 반납하기로 결정했다. 그러나 황정순 당시 한인회장은 반납 절차를 밟지 않은 채 다음 한인회장인 내게 넘겨버렸다. 게다가 황정순 회장은 건물 반납을 결정한 이후 이 건물의 수리비조로 한기덕님이 기부한 1만5,000달러를 한인회 운영비로 모두 써버렸으며, 고지서를 받지 못해 몰랐다며 건물 재산세 1만5,000여 달러를 체납했다.

　나는 이 건물이 재산세 체납으로 공매되기 직전 가까스로 이 사실을 알아내 재산세를 완납, 건물이 남의 손에 고스란히 넘어가는 것을 막았다.

　나는 이 건물의 활용을 모색했으나 여의치 않았다. 할 수 없이 매각하기로 방침을 정했다. 나는 여기서 그치지 않고 이 건물과 한인회관을 팔고 한인들이 편리하게 자주 찾을 수 있는 곳에다 새로운 사무실을 열며, 궁극적으로는 두 건물의 매각 대금을 종자돈으로 대형 한인커뮤니티 센터를 건립하는 꿈을 세웠다.

　나는 이 꿈을 실현하기 위해 한인회장에 재출마, 2004년 3월 28일 정기총회에서 연임됐다. 이 총회에서 한인회관용 건물 매각을 결의했다. 그러나 건물 매각에 반대하는 인사들이 4월 3일 볼티모어한인회를 만들었다. 초대 회장 서소식 전 상공인연합회장이 맡았으며, 상공인연합과 노인회 인사들이 주축을 이뤘다.

　2대 회장에는 이종식 전 볼티모어시장 자문위원이 취임했다. 그래도 나는 꾸준히 매각 작업을 진행, 같은 해 8월 4일 한인회관용 건물을 한인세탁업자에게 20만 달러에 매각했으며, 대금은 사전 약속대로 시와 메릴랜드한인회가 10만 달러씩 나눠가졌다.

　이후 한인회관도 매각을 추진하자 상공인연합과 노인회 등에서 강력하게 반대해, 이를 둘러싼 소란은 계속된다.

한인회관 등기부 변경과 법적 분쟁

볼티모어 시내 노스 애비뉴에 위치한 메릴랜드한인회관은 1985년 메릴랜드한인회와 실업인협회, 그리고 지금은 없어진 한인봉사센터 등 3개 단체가 공동으로 매입해 사용했으며, 각종 한인 행사가 열린 한인사회의 사랑방이었다. 하지만 내가 취임하기 전부터 한인회와 실협 모두 이용하지 않아 방치되고 있었다.

한인회관 운영비용은 한인회와 실협이 경비를 반반 부담하기로 돼 있었으나 각 직능단체의 출현으로 기반을 상실한 실협은 활동을 거의 멈춘 상태여서 분담금을 제대로 내지 않았다.

한인회 또한 운영경비를 모두 "떠안다시피" 했지만 한인회관이 우범지역에 위치해 있어 일반한인은 물론 임원들도 이용을 꺼려 모임 장소로도 사용되지 않았다. 게다가 건물이 낡아 수리비가 계속 들어갔다.

나는 돈만 먹는 한인회관을 과감히 정리해야겠다고 마음먹은 후 방법을 찾아나섰다. 건물 등기부를 확인하던 중 한인회를 제외한 나머지 두 단체가 유명무

실해졌다는 것을 알았다. 실협은 활동을 중단했을 뿐더러 매년 법적으로 필요한 단체등록 갱신을 하지 않아 서류상으로는 유령단체였다. 봉사센터는 이미 소멸한지 오래였다. 그래서 나는 등기부부터 정리하기로 했다.

　우선 봉사센터의 전 이사였던 장치본 목사(에덴감리교회)로부터 1달러에 한인회관 소유권을 한인회에 넘긴다는 각서를 받았고, 박평국 전 실협회장으로부터도 같은 각서를 받아 2005년 3월 등기부상의 건물 소유주를 한인회 단독으로 바꿨다.

　그러자 공동소유자의 지위를 잃은 실협의 후신인 상공인연합회(법정분쟁과 함께 다시 실협으로 명칭 환원)는 등기부 원상복구 및 보상을 요구하는 소송을 건물매각 가처분신청과 함께 같은 해 7월에 제기했다. 한인회와 나, 그리고 실협 대표 자격으로 건물 소유권을 넘긴 박평국 전 회장을 대상으로 한 이 소송은 양측이 합의할 때까지 3년 가까이 이어졌다.

　내 후임자인 한기덕 회장 또한 한인회관에 대해서는 나와 생각을 같이 했다. 한인회관은 볼티모어 노인회원들이 노인들의 사랑방으로 이용했지만, 한인들의 주거지가 시 외곽으로 옮겨가면서 방문자들이 급감, 거의 사용되지 않았다.

취임 후 한인회관 문제 해결에 노력해온 한 회장은 2007년 10월 한인회관을 매각하고, 대금을 나눠 갖기로 실협과 합의를 이끌어내 법적 분쟁을 해결했다.

한인회관은 2008년 6월 2일 중국계부동산 투자자에게 팔렸다.

매각 대금은 법원 지시대로 총매매액 325,000달러 중 양도계약비용 38,096.50달러를 공제하고, 한인회가 192,028.56달러, 실협이 94,874.94달러를 나눠 가졌다.

한기덕 회장은 이어 새 사무실 확보에 나서 하워드카운티의 콜럼비아시 북동부에 소재한 우드랜즈 오피스 콘도를 선택했다.

한 회장의 후임으로 당선된 허인욱 회장 또한 한 회장의 뜻을 계속 이어 3층으로 새로 지은 이 건물 2층에 실 면적 1,300 평방피트의 사무실로 이전해 2008년 12월 새 한인회관을 열었다.

진통 많았던 메릴랜드한인회관이 콜럼비아에 다시 문을 열자 한인들의 이민 애환이 깃든 구 한인회관을 떠나온 것이 아쉽기도 하지만, 한인사회의 앞날을 생각하면 이제 큰 숙원이 하나 해결된 듯한 후련한 기분이 든다.

　한인회관은 이름 그대로 한인사회의 요람이어서 그 역사는 한인사회의 역사와 궤를 같이 한다. 한인사회가 이민 급증으로 제 모습을 갖추기 시작한 1985년 3개 단체·기관이 공동으로 마련한 한인회관은 세 단체의 부침과 갈등에 따라 험난한 길을 걸어왔으며, 급기야 공동 소유주인 한인회와 실업인협회의 대립은 한인회관의 운영을 어렵게 하고, 한인회로 하여금 매각을 서두르게 만들었다.

　우여곡절 끝에 한인회관을 팔게 되고, 한인회가 그동안 착실히 모은 기금 및 매각대금으로 번듯한 오피스콘도를 구입하게 됐으니, 새 한인회관을 바라보는 감회는 남다를 수밖에 없다. 이는 후임 한인회장인 한기덕, 허인욱 두 분이 나의 뜻을 이해하고 새 한인회관 건립을 계속 추진한 결과라고 할 수 있을 것이다.

　나는 이제 한인회가 새 한인회관 입주에 만족하지 않고, 한인사회의 중추가 될 커뮤니티 센터 건립으로 계속 나아가기를 희망한다. 그것이 내 개인의 꿈만이 아니고 한인 커뮤니티의 꿈이기도 하기 때문이다.

제5장

죽음의 문턱을 넘어

대통령과 악수

1990년대 후반 김영삼 대통령의 워싱턴 방문 때 동포 초청 리셉션에 참석했다가 대통령과 악수를 한 적이 있다. 대통령은 많은 사람들 사이에서 내게 손을 내밀어 특히 인상이 깊었다. 악수할 때 손이 참 부드러웠다는 기억이 남아있다.

기차를 몰래 타고 다니며 떡 행상을 하던 내가 대통령과 악수까지 하다니 감개가 무량했다.

이후 평통위원으로 한국서 열린 평통회의에 참석했을 때 청와대 초청으로 방문, 김 대통령의 연설을 들을 기회가 있었다. 이 때 김 대통령은 얼굴에 피곤이 역력했고, 말할 때 눈두덩이가 떨리는 게 보였다. 국무에 종사하느라 피곤에 지쳐있구나 하는 생각이 들어 안쓰럽기도 했다.

골프의 매력

나의 삶에서 빼놓을 수 없는 것은 골프다. 골프가 너무 재미있어 아예 친한 골프 친구들과 함께 1994년 만들어진 메릴랜드한인여성골프협회에 가입했다.

나중에 이 단체 회장까지 지냈으며, 지금도 고문을 맡고 있다.

나의 골프실력은 핸디 14 정도. 젊은 사람들과 대등한 플레이를 할 때면 뿌듯함도 느낀다. 골프는 꾸준한 노력이 필요한 운동이기에 골프를 즐기는 것을 자랑스럽게 생각한다.

한인 여성들은 언어 등의 이유로 한인들끼리만 동반 라운딩하고, 미국 여성들과는 함께 플레이하는 경우가 드물다. 미국 여성들이랑 골프를 칠 경우 규칙 및 매너 등에서 배울 점이 많다.

엘리콧시티에 소재한 터프 벨리 골프장의 멤버십을 갖고 있는데, 2009년 '멤버 게스트 데이' 행사 준비위원장을 맡았다. 멤버십을 가진 회원들이 주위 사람들을 초청, 함께 골프를 즐기는 행사다.

이 골프장에는 멤버십을 가진 한인들도 많다. 도움이 필요해 한인들에게 참여 해 줄 것을 요청했다. 미국인들에게도 도움이 필요하다고 말하자 10여명이 선뜻 자원 봉사하겠다고 나섰다.

나는 회원 300여명을 거느린 볼티모어지역 여성 골프협회의 이사직을 4년째 맡고 있기도 하다. 이 단체에서도 한 행사의 준비 위원장을 맡은 바 있다.

2007년 1월 1일 신년벽두에 플로리다에서 골프장을 찾았는데 홀인원의 행운을 안았다. 그 이후 어디를 가든 상을 받는 상복이 터졌다. 골프대회는 나갈 때마다 상을 탔다. 터프 벨리 골프장에서는 생애 처음으로 77타를 기록하기도 했다. 정말 홀인원을 하면 행운이 따른다는 것을 실감했다.

　요즘도 1주일에 4회 정도 라운딩을 나간다.

　나 역시 처음부터 골프를 잘 친 것은 아니었다. 남들보다 훨씬 늦은 50대 중반인 1994년에 시작했다. 초보 시절 샷 거리가 너무 적게 나와 최병권 볼티모어-워싱턴 골프센터 사장에게 문의했더니 "가능성 없다"고 말해 충격을 받았다.

　하지만 그 말을 듣자 특유의 근성이 발동해 매일 새벽 동트기 전, 깜깜할 때 나가서 9홀을 돌고 출근했다. 아침 이슬과 새 소리가 너무 좋았다. 또 누가 골프를 치자면 일도 팽개치고 나가기도 했다. 그러다 보니 어느 듯 드라이버 샷 거리가 많이 늘었고 콘디숀이 좋은 날은 260야드까지 나가고 아닐 때는 보통 220 정도 나갔다. 그러나 요즘은 나이 탓인지 180-170정도가 평균이다.

　언젠가 터프 벨리 골프장에서 최 사장과 라운딩 할

기회가 있었는데, 내가 이겼다. 최 사장의 말이 가슴에 맺혀있던 나는 내심 이루 말할 수 없는 통쾌함을 느꼈다. 그러나 최사장이 그날 콘디숀이 좋지 못해 내가 이기지 않았을까 하는 생각이 들기도 한다.

골프와 관련해 '엉덩이 사건'이라고 회자된 성추행 사건을 겪은 바 있다.

1998년 한국 제주도에서 전국체전이 열렸는데 미주대표단의 일원으로 골프에 출전했다. 원로 태권도인이자 재미대한체육회 상임이사였던 유옥현 초대 메릴랜드체육회장이 단장이었고, 나는 여성골프협회 소속이었다. 어느 날 저녁에 식사 후 바닷가에서 재미동포들의 즉석 노래자랑이 벌어졌다.

음악이 신나게 울려 퍼지자 흥이 나서 나도 모르게 앞에 나가서 춤을 췄다. 그러자 다들 몰려나와 함께 춤을 췄는데 누가 내 엉덩이에 손을 댔다. 처음에는 우연히 부딪힌 것으로 생각했는데 그게 아니었다. 뒤를 돌아보니 LA에서 온 재미대한체육회의 임원이었다.

분개한 나는 담당자를 불러 강력하게 항의했고, 이에 그 임원뿐 아니라 미주체육회까지 단체로 사과했다. 게다가 이 사실을 전해들은 유옥현 단장이 크게

화를 내며, 다시 그 임원과 재미대한체육회 관계자에게 호통을 쳤다. 이들은 거듭 사과했고, 내가 사과를 받아들이면서 사건은 수습됐다. 나의 오랜 친구이기도 한 유 단장은 이후 나를 비롯해 선수보호에 각별히 신경을 썼다.

이듬해 LA에서 미주체전이 열렸을 때 골프 종목에 출전한 오영숙님이 골프장에서 호텔로 오는 차편을 제공한 LA 체육회 임원에게 그 이야기를 했는데, 자기가 바로 그 당사자라고 해서 당혹스러웠다는 얘기를 전해들은 바 있다.

남자친구들

나는 남자친구들도 많다. 볼티모어한인회장을 지낸 장종언님, 볼티모어 실업인협회장을 지낸 변대수님, 초대 메릴랜드체육회장을 지낸 유옥현님 등은 이민 초기부터 오랜 친구들이다.

장종언님과 터프 벨리 골프장에 동반 라운딩한 적 있다. 어느 홀에서 그의 카트가 내 카트의 뒤를 들이받아 나는 바닥에 나뒹굴었다. 다행히 큰 부상은 입지 않았지만 다이아몬드 귀걸이 한 짝이 없어졌다.

결국 못 찾고 계속 골프를 시작했지만 한 홀 뒤 다시 그가 또 내가 탄 카트 뒤를 들이받았다.

그는 그때서야 몸이 좋지 않아 약을 먹고 왔더니 정신이 몽롱하다고 실토했다. 그는 라운딩 후 저녁 식사 때 귀걸이 값이라며 내게 150달러를 내놨다.

귀걸이는 다른 짝과 같아야 하므로 한 짝만 살 수가 없다. 게다가 잃어버린 다이아몬드는 한 쌍에 1,500달러를 주고 구입한 것이었다.

잠시 고민했으나 오랜 친구인 점을 감안해 그냥 그 돈을 받고 다른 아무 말도 하지 않았다.

김원용님, 정영필님, 김서규님, 홍설정님 과도 절친했다. 한 번은 내가 샌디에고에서 열린 미 국세청(IRS) 세미나에 참가하게 됐는데, 소식을 들은 이들이 함께 여행을 가고 싶다며 따라 나섰다. 이들과는 저녁이면 1시간 이상을 운전해 LA로 가서 놀다 새벽 2시 경 돌아왔다.

우리는 그 당시 합자로 건물을 사서 관리하는 같은 건물 소유주여서 각별히 친하게 지내는 사이였다.

새로운 문물을 접하기 원하는 이들을 위해 내가 유람선 만찬을 예약했다. 하지만 이들은 유람선에서 내리자마자 다시 LA로 가서 한식으로 식사를 하고 돌아왔다. 이때 "아, 중년 한국 남성들은 양식이 맞지 않는구나." 하고 깨달았다.

이들과는 뉴멕시코로 관광을 가서 모두 가죽잠바를 사 입기도 했고, LA의 할리우드도 함께 구경했다. 어느 날 밤에는 한 방에 모여 심심풀이 화투를 치기도 했는데 잘 치지도 못하는 내가 돈을 다 따 남자들이 어이없어 하던 기억도 있다. 이 여행이 너무 재미있어서 다음에 부부 동반으로 또 한 번 가기로 했었는데 이루지 못해 아쉽기도 하다.

단결의 중요성

미국사회에서 한인은 어디서나 소수다. 한인이 가장 많이 모여 산다는 LA도 마찬가지다. 백인과 흑인, 라티노에 이어 아시아인은 어디서든 소수이고, 한인은 그 아시아인들 중 일부에 불과하다.

지난 1992년 LA에서 흑인들의 폭동이 일어났을 때 한인들이 집중적으로 모여 살아 마치 한국의 거리처럼 만들어 졌던 한인 타운이 속수무책으로 약탈당했다. 미국 정부는 이를 수수방관했다. 경찰은 행여나 폭동의 불길이 백인부유층 지역으로 번지는 것을 막는 데만 급급했고, 대신 한인 타운을 희생양으로 삼았다. 그만큼 한인들이 만만했기 때문이다.

수가 많고 적음이 중요한 게 아니라 얼마나 단결하고 한 목소리를 내는가가 중요하다. 평상시에는 미국인들 틈에서 미국 생활에 동화돼 살아가면 아무런 불편함도 없고, 미국인들의 인정을 한껏 느끼며 생활할 수 있다. 하지만 주류 미국인의 이해와 상충될 경우 소수계는 여지없이 피해자가 된다. 이를 막는 길은 스스로 힘을 기르는 것이고, 그 방법은 단결이다.

또 경험상 한인은 한인들과 어울릴 때 가장 정서적으로 안정되고 문화적 만족감을 느낀다. 그러지 않으면 스스로 정체성에 혼란을 가져오게 되고, 이는 특히 1.5세나 2세들에게 더욱 심해진다. 따라서 한인들끼리 모여 필요한 단체를 결성하는 것은 미국사회에 배타적인 행동이 아니라 미국의 다양성에 기여하는 것으로 파악해야 한다.

세계의 온갖 인종과 민족이 모여드는 미국에서 과거에는 서로 융화되어서 하나가 되는 '멜팅 팟(melt-ing pot)'을 강조했지만 이제는 각자의 고유성을 유지한 채 서로 섞여서 독특한 맛을 만들어내는 '샐러드 보울(salad bowl)'을 내세운다. 한인들이 단순히 미국

사회에 흡수되는 것보다 정체성을 유지하면서 고유의 문화로 미국사회에 기여하는 것이 더 바람직하다는 것이다.

미국은 민주주의 나라다. 고유의 문화에 따라 단체를 만들어 권익을 찾는 것은 미국 민주주의를 보다 알차고 풍부하게 만드는 일이라고 본다. 참여 없는 민주주의는 허수아비와 다를 바 없다. 참여 방법의 다양성이야말로 민주주의의 강점일 것이라고 생각한다.

흔히 말하길 한국 사람은 개개인은 똑똑한데 뭉치질 못한다고 한다. 서로 협조하고 이해하는 속에 나의 의견을 관철시키고 조절하는 힘이 약한 것 같다. 자기하고 의견이 안 맞아도 상대방의 의견을 끝까지 들어보고 절충하는 성숙된 자세가 필요하다고 생각한다.

자기하고 뜻이 안 맞는다고 이미 있는 단체를 제쳐 놓고 또 다른 단체를 만들어 분열을 꾀하는 일은 없어야 할 것이다. 단체가 분열되면 그만큼 힘이 분산되어 단결된 힘이 나올 수 없다.

수많은 인종이 모여 사는 남의 나라에서 민족의 정체성과 권익을 위해서도 단결의 필요성을 깊이 느끼고 실행했으면 한다.

두 번의 죽을 고비

저마다 운명이 있겠지만 나 같은 운명적인 삶도 없을 것이다. 어려서부터 살아온 것을 뒤돌아봐도 평범한 삶은 아니었다. 그렇지만 죽음과 맞닥뜨린 적은 없었다. 그러나 나는 미국에 와서 죽을 고비를 두 번이나 넘겼다.

앤아룬델 커뮤니티 칼리지에 다닐 당시 폭우가 쏟아지는 날이었다. 혼자서 폭스바겐을 운전하며 학교에 가던 중 리치 하이웨이와 마운틴 로드가 만나는 교차로에서 빗길에 미끄러지며 앞차를 들이받았다. 눈 깜짝 할 사이에 생긴 일이었다. 앞차에 부딪치면서 머리에 큰 충격을 받아 정신을 잃었다. 정신이 들었을 때는 내차가 사고의 충격으로 엔진이 터져 불길에 휩싸여 있었다.

이마에서는 피가 흐르고 있었고, 스타킹엔 불이 붙어 타고 있었다. 다리가 점점 뜨겁게 타 들어가고 이마의 상처로 고통스러웠지만 몸을 움직일 수 없었다. 그래도 의식은 뚜렷해서 '이대로 죽는구나.'하는 생각이 순간적으로 들었고, 지나온 나날들이 거짓말처럼 그 짧은 시간에 머리 속에 차례로 나타났다가 사라졌다.

　영화의 필름처럼 고향의 어린 시절이나 어머니의 얼굴, 오빠들의 얼굴이 스쳐 지나갔다. 삶이란 것이 이렇게 허무한 것인가 하는 생각도 들었다.

　진정으로 마음을 나누고 의지할 사람 하나 없는 남의 나라에서 살아보려고 발버둥치다 이렇게 허무하게 죽어야 한다고 생각하니 너무도 억울했다. 내가 이렇게 쉽게 죽다니…살아온 지난날들을 생각해보면 쉽게 죽을 내가 아닌데 이렇게 죽다니…

　운명이란 것이 바로 이런 것인가… 내 의지대로 할 수 없는 몸의 상태, 의식은 뚜렷한데 몸은 꼼짝도 할 수 없고 자동차의 불길은 점점 커져가고 있다. 이렇게 허무하게 죽어야 한다니…

　오 하나님! 이것이 나의 운명입니까! 정말 내가 이렇게 죽으려고 미국까지 왔단 말입니까! 오 하나님! 흑흑 이제 꼼짝없이 이대로 죽는구나 생각하니 눈물만 하염없이 쏟아졌다.

　꼼짝도 할 수 없는 몸으로 불길이 점점 커져가는 차 안에서 나는 하늘을 향해 절규하고 있었다. 그리고 하늘을 원망했다. 너무나 비참하게 살다가 죽어야 하는 내 운명을 비판도 했다. 언제 기름 탱크가 터질지 모르는 아슬아슬한 시간이 다가오건만 나는 꼼짝도 할 수 없었다.

고통과 절망에 모든 것을 체념하고 눈물만 흘리고 있는데 그때 자동차 문이 어렵게 열리는 소리가 났다. 자동차 문이 충돌로 인해 찌그러져 쉽게 열리지 않는 것을 누군가 온 힘을 다해 열고 있었다. 그리고 뭐라고 하는 소리도 들리지만 확실하게 알아들을 수 없었다.

"오! 하나님 감사합니다. 내가 죽지 않고 살아나는 것입니까!" 꼼짝 못하고 죽어야 하는 운명으로 하늘을 원망하며 눈물만 흘리고 있다가 그 운명의 순간에서 벗어나고 있었다.

믿기지 않는 기적이 일어나고 있는 순간이었다. 차 문이 열리고 밖으로 들려 나왔을 때 나는 또 한 번 새롭게 탄생되고 있었다. 매캐한 연기와 불길이 번져 가는 차 안에서 밖으로 나온 것은 죽음의 길에서 삶의 길로 방향을 튼 것이었다.

고통스럽게 살아가는 나날이었지만 나는 삶을 열망하며 희망을 버리지 않았기에 죽음을 받아들일 수 없어 하늘에 대고 절규를 하였을 것이다.

항상 귀에는 이어폰이 꽂혀 학교 수업을 복습하

던 내가 이대로 삶을 끝낸다는 것을 도저히 받아들일 수 없어 절규하는 소리를 하늘이 들었던 것은 아닐까. 아마도 하늘은 나의 삶에 대한 의지를 한 번 시험해 보셨는지도 모른다.

이제 살았구나 하며 밖에 신선한 공기를 깊이 들여 마실 때 내 차는 강렬한 폭발음을 내며 불길에 휩싸였다.

나를 차에서 끌어낸 사람의 얼굴도 제대로 못보고 있는 사이 내 차에서 펑 소리가 났던 것이다. 1분만 늦었어도 아니 1초만 늦었어도 나는 살아남지 못했을 것이다.

바로 911차가 싸이렌 소리를 내며 달려오고 나는 응급차에 실려 병원으로 갔다. 나를 구해준 사람의 얼굴도 보지 못하고 구급차에 실려 갔으니 나를 구해준 사람이 누구인지도 모른다. 그 사람의 얼굴이 천사의 얼굴을 한 사람이었을까? 평범한 사람의 얼굴을 한 사람이었을까? 그 얼굴을 보지 못한 것이 지금까지 아쉽고 안타가운 일이다.

나 또한 그 사람처럼 좋은 일을 하고 아무 일도 없었던 것처럼 드러내지 않을 수 있을까. 오른 손이 한 것을 왼 손이 모르게 하라고 한 성경 말씀을 실행

한 그 생명의 은인처럼 나도 남몰래 조용히 선행을 할 수 있을까…

생각해보면 이만큼 나에게 부채감을 준 은인도 없을 것이다. 그 은인이 어디선가 나를 지켜본다고 상상하면 나는 어떻게 살아야 할 것인가 고민하지 않을 수 없다.

 그 위기의 순간에 누가 위험을 무릅쓰고 나를 구하려 할 것인가. 가족이라면 몰라도 남의 일에 누가 나서서 위험한 일을 하려 할 것인가.

분명 그 사람은 의인일 것이다. 지금도 어디선가 남모르게 의를 행하며 이 세상을 위해 살고 있으리라 생각된다. 영화에서나 볼 수 있었던 일이 나에게 생기고 기적 같은 일이 있었으니 나는 항상 감사하는 마음으로 사회를 위해 힘닿는 데 까지 일 하는 것이 그때 그 구원에 대하여 조금이나마 보답하는 것이라 생각한다.

내가 병원에서 나와 타고 다니던 차를 보고 다시 한 번 놀랬다. 모두 다 타버리고 뼈대만 앙상하게 남아 있었다. 자동차가 단순히 차가 아니라 마치 친구 같았는데…언제나 항상 함께 했고 내가 가고 싶은 곳을 데려다 주던 차가 새까맣게 타버린 모습을 보자 눈에 눈물이 맺혔다.

　나도 조금만 늦었더라면 내 차처럼 타 버렸을 것이란 생각이 들자 온몸이 움추러 들었다.

　두 번째는 오래지 않은 2008년 7월 초순이었다. 테네시에서 친구가 방문해 같이 지내고 그날따라 혼자 집에 있었다. 2층을 올라가는데 갑자기 숨이 막히고 걸을 수가 없어 주저앉았다.

　순식간에 손발이 부었다. 주치의에게 겨우 전화하니 빨리 병원에 가라고 해서 아들을 불렀다. 아들은 마침 집 근처를 지나고 있었다. 병원에 가니 폐에 피가 뭉쳐 조금만 늦었어도 사망했다고 했다. 5일간 입원해 치료를 받아야 했다.

　이때 처음으로 "누군가 하늘에서 나를 도와주고 있다"는 느낌이 들었다. 내가 또 다시 기적적으로 살아난 것은 하나님의 도움이라고 생각하고 감사했다.

봉사는 나의 천직

　나는 한인회장 임기를 마치고 은퇴한 후 매년 10월에서 다음해 4월까지 6개월을 남편과 함께 추위를 피해 따뜻한 남쪽 플로리다에서 보낸다. 플로리다 네

이플스에 위치한 집은 2004년에 시공, 2005년 완공했다. 한인회장 임기를 마친 후 이곳에서 거주한다.

인생의 노년기를 어떻게 하면 잘 보낼 수 있을까 하고 누구나 한 번쯤은 생각해볼 것이다. 나는 어린 시절 인생의 첫 출발이 남들과 달랐기 때문에 노년기는 잘 보내고 싶다는 욕망이 있었다.

부모에게 사랑받고 호강하며 학교에 다니는 것은 꿈도 꾸어보지 못하고 남의 집 살이나 떡 장사까지 하면서 생존을 위해 뭔가를 해야 했다. 지난날들을 생각해보면 꿈같은 일이고 어느새 인생의 황혼 길에 접어들었다는 것을 생각하면 인생이 참으로 빠르다는 것을 실감한다.

어른들이 흔히 말하기를 우리 인생이 풀잎위에 이슬처럼 잠깐이라고 하던 말들이 이제는 실감이 제대로 된다. 행복한 인생이었든 아니었든 정말 인생이 너무도 짧다는 생각을 떨칠 수 없다.

이제 남은 인생을 어떻게 마무리해야 할까? 무엇을 해야 나머지 인생을 잘 사는 것일까? 이런 생각을 하다보면 괜히 마음이 급해지고 해야 할 것이 많다.

지역 사회를 위해서, 또는 2세들을 위해서 무언가를 남겨줘야 할 텐데 하는 생각이 들곤 한다. 나의 이런 생각이 지워지지 않기 때문에 이곳 플로리다에 노년을 쉬러 왔다가 또 이 지역 사회 일에 인연을 맺게 되었다.

이곳은 초기 이민사회 기분을 느끼게 했다. 네이플스에는 한인교회가 한 곳 있는데 신자는 20여명에 불과하다. 이 교회는 비영리기관에 대한 이해가 없어 내가 도와줬다. 미국에서 비영리기관 등록은 대단히 복잡해 회계사의 도움을 얻어야 한다.

이 지역에는 내가 사는 곳에 150명, 인근 포트 마일드에 700여명의 한인이 살고 있다. 이곳은 이민역사가 짧고, 수도 적어 한인들의 결집력이 미약하다. 이로 인해 한인 간 교류도 원활하지 않고, 제 목소리를 내지 못하는 것은 물론 제대로 권익을 찾지 못하고 있다.

한인 인구가 많고, 미국의 수도 워싱턴에서 가까워 정치의식도 높은 볼티모어 지역에서 오랫동안 단체 활동을 한 경험이 많은 나는 모래알처럼 분산돼 살아가는 동포들이 안타까웠다. 편안히 여생을 보내기 위해 내려왔지만 한 번 더 봉사를 해야겠다는 마음이 들었다.

우선 플로리다 사우스웨스트 한인회가 필요하다

고 판단돼 설립을 추진했다. 주로 교회 교인들을 중심으로 권유, 사람을 모았다. 그 전부터 주위에서 한인회가 필요하다고 말을 했었다. 공공기관과의 접촉이나 시민권 취득 등에 한인회의 추천서가 있으면 좋겠다고 했다.

이 지역은 과거 한인회가 있었으나 주먹구구식 운영으로 와해됐었고, 서류상으로도 공식 단체로 등록돼 있지도 않았다. 그래서 아예 새로 만들었다. 플로리다에서는 한인회를 만들려면 플로리다한인연합회와 미주한인회총연합회에 가입한 후 한국총영사관의 승인을 얻어야 했다.

마침내 2009년 2월 28일 콜리어 카운티의 네이플스 도서관에서 플로리다주의 샬롯카운티를 비롯해 콜리어, 글레이드, 헨리, 리카운티 등 모두 5개 카운티를 포함하는 남서부 플로리다 한인회를 탄생시켰다. 1년여의 준비 끝에 모습을 드러낸 남서부 플로리다 한인회는 이날 창립 모임을 가진데 이어 3월 10일 총회를 갖고 정식 발족했다. 이에 앞서 1월에는 주정부에 비영리기관으로 정식등록절차를 마쳤다. 나는 초대 회장으로 선출됐다.

또한 시온산 장로교회 양광모 목사님을 통해 많은

은혜를 받으며 이곳 플로리다 노년 생활을 만족스럽게 하고 있는 것을 하나님께 감사드린다. 그리고 한인회를 꾸려나가는데 많은 도움을 주고 있는 김만호 부회장, 신승현 부회장, 이은주 부회장, 에워드 박 이사, 박우진 사무총장, 최병화 재무부장 등께 감사의 마음을 표한다.

　현재 남서부 플로리다 한인회 산하 5개 카운티의 공식 아시안 인구는 약 13,000여명이며 이중 한인은 1,500여명으로 추산되고 있다.

　한인들 간에 친목을 도모하기 위해 이곳에서 처음으로 골프대회를 개최했는데 25명이 참여했다.

　단체를 운영하다보면 뜻하지 않았던 일도 생기고 난관도 있기 마련이다. 그런 일이 발생했을 때 서로 협심하고 이해하며 한인 사회를 위한 진정한 봉사 단체로 우뚝 서기를 바라는 마음이다.

끝

후기

　나는 어릴 때 꿈을 생각할 여유가 없었다. 15세 때 서울 가는 것이 유일한 꿈이었다. 서울에 가서 공부를 하고 싶었다. 어린 시절에는 배가 고파서 허리띠를 졸라매야 했고, 밥을 얻으러 다녔다. 절망만 있고 미래가 없었다. 어떻게 살아갈지 비전이 보이지 않았다.

　밥만 굶주린 게 아니라 희망에 고팠다. 희망의 실현이 아니라 희망만이라도 가지고 싶었다. 희망조차 갖기 어려운 현실이 나의 삶을 번번이 붙잡았지만 나는 희망을 포기할 수 없었다. 희망이 없으면 살아갈 의욕을 가질 수 없다. 굶주림 속에서도, 형제자매들의 괄시 속에서도 희망을 품기 시작하면서 나는 하루하루를 아깝게 생각했다. 지옥 같은 날들이 아니라 꿈을 실현하는 한 과정이었기에 하루를 허투루 보낼 수 없었고, 고생도 꿈을 위한 발판이기에 힘든 줄 몰랐다.

　힘이 들고, 시간은 오래 걸렸지만 나는 내 꿈을 모두 실현했다. 그건 능력이 아니었다. 꿈을 향해 포기하지 않고 끈질기게 그리고 악착같이 나아가는 것. 그것이 꿈을 이룬 비결이었다. 부모와 학벌, 능력을 탓하는 사람은 꿈을 이룰 수 없다. 남들과 다른 환경, 어려운 상황, 모자라는 자질이 오히려 남을 앞설 수 있는 기회를 제공한다. 사람은 마음먹기 나름이라는 옛말은 지금도 유효한 진리이다.

쌀이 생겼을 때 먹어버리면 그만이라는 생각이 들어 장사를 시작할 만큼 나름대로 영민했지만 어릴 때 칭찬을 들은 적이 없다. 미운 업둥이 취급을 받았기에 뭘 해도 밉보였다. 칭찬은 고래도 춤추게 한다는데 사소한 칭찬도 듣지 못했다. 그러나 칭찬이 없었기에 한 번도 자만하거나 교만하지 않을 수 있었다. 주어진 현실에 미움과 원망, 증오, 분노를 품지 않고, 인내, 성실, 끈기, 겸손, 양보의 품성으로 내화시켰기에 오늘에 이를 수 있었다. 불우한 환경을 성공의 발판으로 이용할 수 있는 긍정적 사고 또한 성공의 비결이다.

무슨 일을 하던 꾸준히 열심히 하면 이루게 된다는 것을 역경을 헤쳐 나가고 있는 젊은이들에게 들려주고 싶었다. 감동과 재미가 파노라마처럼 펼쳐지는 삶은 아니지만 무에서 유를 만들어 간 나의 과정을 보여주고 싶었다. 이것이 내가 자칫 부끄러울 수도 있는 개인사를 낱낱이 글로 엮어낸 이유이다.

큰 재미도 없는 이 책을 인내를 갖고 끝까지 읽어 준 분들에게 다시 한 번 감사의 말씀을 드린다.

〈참고 자료〉

주간 워싱턴 '금주의 인물' (1992년 7월)

"노력의 댓가는 반드시 받아요"
지난 고생의 시절을 노력으로 극복, 오늘을 일군 김혜일 회계사

"그땐 정말 재미있었어요. 그 어렵던 시절을 고생이라고 생각하지 않은 것은 오직 배움이란 일념 때문에"라며 김혜일씨는 웃음을 머금는다. 한 번은 한 벌에 15불짜리 원피스를 어느 가게에서 보아 놓고서는 10번째까지 그것을 사지 못해 망설이다가 11번째에 그것을 샀단다.

AA커뮤니티칼리지(비즈니스 전공)를 졸업한 후, 편입해 지난 73년 메릴랜드대학을 졸업(회계학 전공), 회계사(PA) 사무실을 개업하기까지 그녀는 일주일이 30일이라면 아마 그렇게 일했을지도 모른다.

주7일을 일하며 시간당 1불50전을 수고비로 받

던 당시 대부분의 과거 한국여성들이 그랬듯이 그도 미국의 밑바닥 삶을 살았다.

6남매 중의 다섯째인 그녀는 전남 장성에서 편모 슬하에 공부다운 공부 한 번 못해보고 고생과 안타까움으로 점철된 성장기를 보냈다. 고향인 청진에서 남하해 6세 때 아버지를 여윈 후 남편과 함께 22세 되던 해인 지난 62년 도미한 후 지금의 자신이 있기까지 그녀의 고달픔과 고통을 그 누구도 이해할 수 없을 것이다. 어떤 때는 약 2개월여 동안 사람을 만나지 못해 대화가 그리웠으며 사람이 그리워 울기도 했었단다.

이처럼 그녀는 자신이 이루려는 인생의 목표를 자신의 의지로 이루기까지 마음껏 웃지도, 울어보지도, 또 제대로 먹어보지도 못했단다. 이러한 그녀가 도미 후 첫 남편과 이혼하고 68년 지금의 남편인 Robert A. Hale(현재 웨스팅하우스 엔지니어로 근무)씨를 만나 1년여 간의 연애 끝에 이듬해인 69년 결혼하게 된다.

결혼이 그녀의 집념을 허물 수는 없었다. 또한 남편인 Hale씨는 그녀가 하고 싶어 하는 것은 무엇이든지 할 수 있도록 배려했다. 이러한 남편의 보살핌이 오늘의 자신을 이룩할 수 있게 한 가장 큰 원동력이 되지 않았겠냐며 그녀는 당시를 회상한다.

그는 1973년 마침내 메릴랜드대 칼리지파크 캠퍼스를 졸업한다. 그리고 5년 뒤인 78년에는 자신의 회계사 사무실을 개업했다. 그녀의 나이 39세 되던 해이다. 이제 53세. 중년이라기보다는 노년으로 접어드는 시기라 해도 과언이 아닐 텐데 그녀는 아직 20대 후반의 새댁처럼 젊고 해맑기만 하다.

현재 그녀의 고객 중 95% 정도가 한인이다. 따라서 많은 교포들을 상대하다보니 우리 말을 이제는 별 어려움 없이 구사할 수 있게 되었단다. 지난날 역경 속에서 만나지도 못했고 동포와 말할 기회조차 갖지 못했던 시절을 생각해 보면 많은 발전이라고 할 수 있을 것이다.

그녀는 지난 84년경 실업인협회 이사로서 20여년 만에 한인사회에 첫발을 내딛었다. 이후 심윤택 회장 당시인 86년, 한인회 부회장으로서 교포사회에 봉사하는 입장으로 탈바꿈한다.

그는 당시 새로이 시작되는 시장자문위원회의 회칙을 제정하기 위해 하루에도 몇 번 씩이나 시청을 드나들었는지 헤아릴 수가 없다며 당시를 회상한다. 또한 장학위원회 10인 중 한 명으로 활약하기도 했다.

현재 메릴랜드한인여성회 회장의 임무를 수행 중인 그녀는 이보다 훨씬 전인 지난 72년 자신의 아파트에서 6명의 회원으로 현 한인여성회의 전신인 '여성의 모임'을 만든 장본인이기도 하다.

그는 현실적으로 꼭 필요한 노인아파트와 지체부자유 노인들을 위해 한국식 설비, 식사, 생활환경들을 조성하되 조그마한 농장을 확보, 전문간호사들의 도움을 받으며 노후를 보낼 수 있어야 한다고 강조했고 또한 여성인권옹호 문제는 한인여성들을 통해 반드시 성취할 것이라고 주장했다.

이를 위해 현재 10명으로 구성된 노인아파트 건축위원회와 약간의 기금이 조성되어 있고, 6명의 여성인권 분과위원회가 구성되어 있다고 밝혔다. "모든 단체가 그렇듯이 지나친 권위 의식과 겉치레 때문에 단체의 명칭 자체가 너무 추상적이거나 광범위한 경우가 많은 것 같습니다. 따라서 현재의 메릴랜드한인회란 명칭도 그대로 존속하되 규모를 줄인 한인회, 가령 가운티별 한인회를 구성해 메릴랜드한인회가 전체를 통괄한다면 교포사회를 위해서도 또한 실제 업무 수행을 위해서도 훨씬 바람직하지 않을까 생각이 드네요."

요즈음 한인사회에서 활동하며 느낀 김씨 나름대로의 견해다. 그는 2개월에 한 번씩 모이는 한인여성회의 세미나에 많은 교포들의 참여를 바란다. 대부분의 교포가정이 직면해 있는 여러 가지 사정으로 인한 부부간의 갈등, 자녀문제 등을 여성회의 모임을 통해 바람직한 방향으로 유도하게끔 상의할 뿐만 아니라 때로는 여성회원 자신이 이러한 모임을 통해 남편을 이해할 수 있는 계기가 된다는 게 이 모임의 목적이라고 그는 강조한다.

김혜일씨는 지난 고생의 시절을 노력으로 극복, 오늘을 일군 여자다. 그래서 그는 지금 누구에겐가 봉사하고 싶어한다. 그는 자신을 필요로 하는 곳이면 언제든지 달려간다. 김씨는 사회의 선배로서, 인생의 선배로서 이렇게 당부한다. "어떠한 환경에서나 꿈을 가지고 이루려 노력한다면 반드시 결실을 얻을 수 있다는 신념을 가져야 합니다."

이런 말은 다른 사람에게서도 얼마든지 들을 수 있는 말이지만 김혜일 씨를 통해서 듣는 것이 더 실감

있게 들린다. 왜냐하면 그녀 자신이 그것을 삶을 통해 보여줬기 때문이다. 바로 인간 승리를 몸소 보여준 살아있는 증인이기 때문에 그의 말에 더 힘이 실려 있다고 할 수 있을 것이다.

<최상걸 「주간 워싱턴」 볼티모어지국장>

떡장사에서 미국 회계사로

초판   2009년 8월 20일

지 은 이   김혜일
펴 낸 곳   초록낙타
주   소   서울 강북구 수유5동 516-63
출판등록   제9-001695
전화번호   02-990-7231
전자우편   gwk88@yahoo.co.kr

ISBN   978-89-958709-5-2 03810

책값   12.000